文春文庫

昭和史の10大事件

宮部みゆき 半藤一利

文藝春秋

昭和史の10大事件

目次

昭和史の10大事件

はじめに

宮部みゆき

半藤一利さんは、私の高校の大先輩にあたります。そのご縁で、作家になってほどなくから何かとお付き合いがあり、二・二六事件を背景にした作品を書く際にも、直接いろいろとご教示いただくことができました。

さらにそれ以前から、私は〝歴史探偵・半藤一利〟の大ファンでもありました。半藤さんの、昭和史を題材にした数多くの著作を通して、学校の授業では習うことができなかった現代史の多彩なエピソードに触れ、自分が生まれ落ち、育ってきた昭和という時代を見つめる機会を得ることができた、幸せな読者の一人だったのです。

今回、本書の出版元である東京書籍の編集部から、その半藤さんと二人で対談し、昭和史上の10大事件を選んでみませんかというご提案をいただいたのは、平成二十六年の初めのことでした。一も二もなく、私はこの企画に飛びつきました。10大事件を選ぶ作業そのものが興味深いことはもちろんですし、これを好機に、半藤さんに教えていただきたいことがたくさんあったからです。

お話しするとべらんめえでめっぽう面白い半藤さんに、真面目な話から愉快な話、公的な現代史論から私的な思い出話まで、限られた時間内ではありましたが、幅広くお聞きすることができました。やりとりは面白いんだけど本題から脱線してしまったという理由で、書籍化の際に泣く泣く削った部分も多々あります。

昨今、近代日本国家の礎を築いた明治・大正期が、一種のロマンや憧れを伴って再注目されている一方で、より現代に近い昭和期は、その時間的な長さ、そこで起こった事象の複雑さの故に、棚上げにされがちになっているような気がします。私自身、昭和の子でありながら昭和の多くを知らない。今回、あらためてその感を強くしました。

とはいえ本書は、高校の大先輩と後輩が昭和の事件史をネタにおしゃべりしている、肩の凝《こ》らない読み物です。多くの読者の皆様に楽しんでいただけることを願っております。

平成二十七年八月

お互いの「昭和史の大事件」を見て

――（編集部）今回のご対談前に、あらかじめお二人に、「自分にとっての昭和史の大事件」のリストを提出していただきました（左ページ）。

半藤先生は、宮部先生の「大事件リスト」を見て、どんなご感想をお持ちになりましたか？

半藤　このリストから始まるわけね。

宮部　あたかも生徒がレポートを提出したような気持ちです。

半藤　宮部さんは、「事件」というものを、しごくまともにおとりになったのですね。

宮部　はい。わりと「事件らしさ」を優先して選びました。

半藤　事件というからには原因があって、動機があって、どう計画したか、という。それは推理作家の……。

宮部　はい、性《さが》です（笑）。

半藤　性ですか。なるほど。

半藤一利　昭和史の大事件リスト		
	①2・26事件	昭和11年2月26日
	②日独伊三国同盟締結（調印）	昭和15年9月27日
	③日本の敗戦	昭和20年8月15日
	④歴史・地理・修身の授業禁止	昭和21年1月1日
	⑤極東国際軍事裁判（東京裁判）始まる	昭和21年5月3日
	⑥新憲法公布	昭和21年11月3日
	⑦ストリップショー始まる	昭和22年1月15日
	⑧下山事件・三鷹事件・松川事件	昭和24年7月/8月
	⑨ヘルシンキ・オリンピック選考会とサンフランシスコ講和会議	昭和26年9月9日/9月8日
	⑩第五福竜丸事件と「ゴジラ」公開	昭和29年3月1日/11月3日
	⑪児島明子ミスユニバース受賞と美智子妃	昭和34年7月24日/4月10日
	⑫60年安保騒動	昭和35年夏
	⑬昭和天皇在位60年	昭和61年4月29日

宮部みゆき　昭和史の大事件リスト		
	①金融恐慌勃発	昭和2年3月15日
	②5・15事件	昭和7年5月15日
	③大政翼賛会発足	昭和15年10月12日
	④極東国際軍事裁判（東京裁判）始まる	昭和21年5月3日
	⑤金閣寺焼失	昭和25年7月2日
	⑥「ゴジラ」公開	昭和29年11月3日
	⑦水俣病（28年頃）・イタイイタイ病（明治時代中期～）・四日市ぜんそく（34年頃～）三大公害問題	昭和30年頃から社会問題化
	⑧東海道新幹線　東京―新大阪間開業、東京オリンピック／名神高速道開通	昭和39年9月～10月
	⑨あさま山荘事件	昭和47年2月19日
	⑩グリコ・森永事件	昭和59年～60年
	⑪連続幼女誘拐殺人事件	平成元（昭和64）年7月23日　（逮捕）

宮部　それでどういう展開があって、どんな事実があって、最終的にどう決着したか。

半藤　それが何を生んだか、と。そういうように宮部さんは見ているな、と。

宮部　ここから何が生まれて、現在とどうつながっているかということは、やっぱり考えました。

半藤　宮部さんのリストは、一つ一つの事件そのものは、一見大したことのないように見えても、さすがやはり、事件の前後を全部見ると、昭和時代のカンどころを捉えているな、という見方を私はしましたよ。

宮部　わー、嬉しい。

半藤　優等生というより、むしろ、推理小説になる事件を選んできたな、と思いましたね。

宮部　あ、確かにそうです。

半藤　確かに、この時代を書こうとするとだよね、たとえば「金閣寺焼失」を三人の作家が書いているのだけれども、宮部さんが見方を変えて書けば、金閣寺焼失はすごく興味深い。『宮部みゆき版　金閣寺』があったら、すごいな。

宮部　いやー、恐ろしい、恐ろしい（笑）。

半藤　いやや、ほんとに。そういう見方をすると、ああ、なるほど、このリストはものすごく面白いなというふうに思いましたね。
宮部　よかった。
半藤　「ゴジラ誕生」と「第五福竜丸」は、アメリカの水爆実験をベースにしていますからね、ベースは同じなんだ。
宮部　どっち側から見るか、ということですね。
半藤　このとき私、福竜丸が帰港した直後の焼津《やいづ》港へ行っているんですよ。
宮部　えっ、いらしたんですか。
半藤　編集者として。
宮部　あ、取材に。
半藤　久保山愛吉さんにも会っているわけです。
宮部　そうかそうか！
半藤　私のほうのリストはどちらかというと、自分にいくらか関係あるというか、少しでも参加した事件というか、実際に体験しているというか、とにかくきちんと記憶にあるやつ。
宮部　そこがやっぱり、私なんかが年表を見ながら選ぶのと全然ちがうな、実感があるなというふうに思いました。
半藤　そうなんです、実感のあるものを選びました。

宮部　ですよね。ヘルシンキ・オリンピックは?

半藤　それはつまり、私は日本代表選手として出場するつもりだったから。ところが残念ながら……というウラミをこめて選んでいる。

宮部　おお! だからこの対談では、そこがいちばん貴重だと思うんですよ。半藤さんは昭和を生きた証言者。半藤さんは研究家で、作家だし、歴史探偵でもあるけど、なにより、昭和を最初からずっと生きている方なんですよね。生き証人なんですよ。

半藤　ほかに選びようもないし。

宮部　生き証人の目から見た重大事件。そのときどきの半藤さんの生活や立場、人生に関わっている出来事を選んでゆくわけですから、それはたぶん、歴史探偵である半藤さんが出来上がっていく過程を辿ってゆくことにもなるはずだと思います。

1 昭和金融恐慌

昭和二年三月十五日

昭和の出発点として象徴的な事件

――宮部さんはまず、昭和史の重要な事件として、「昭和金融恐慌」を挙げていますね。これは意外と言うか、どういう理由で選ばれましたか。

宮部 大臣の「失言から始まった」恐慌である、というのがね。いかにもミステリー作家的にそそられるものがあったのです。[1]

半藤 いかにもそうなんですよね。大臣の失言から大事件がはじまった。

宮部 今だったら、大臣が答弁中にたとえば「今日○○銀行が倒産いたしまして」とか発言しても、ツイッターなどで「そんなことないよ。今、私はその銀行の丸の内支店にいますけど、普通に営業していますよ」って、すぐ発信されるので、こういう形の失言恐慌というのは起こりづらいですよね。ですからこれは情報の流通が制限されていた、情報インフラが整っていなかった時代の事件ではあるのですけれども。

「失言」以外に、恐慌の引き金の一つが、政府の震災手形の発行だったことも興味があります。これで経済が悪くなるんじゃないかという国民の不安が、戦争へ傾斜していく時代の背景になったということですよね。

半藤　はい。

宮部　昔、学校で習ったときには、このへん、居眠りしていたんですけど（笑）。今になって考えると、震災手形と不景気が戦争への導入部になったというのが、なんだか現在とすごくかぶってきて、恐ろしいなと思ったので挙げたのです。

現在はこういうことから戦争は起こらないかもしれないけど、要素としては揃っているなあって。実際に、あの失言で東京渡辺銀行は休業しちゃったんですよね。最初は片岡大臣の勘違いだったはずなのに。

半藤　じつは私、今ね、平凡社の「こころ」という雑誌で、「B面昭和史」という連載を始めたばかりなんですが、その最初のテーマが、金融恐慌なんです。

宮部　ええ⁉　そこがスタートだったんだ。私いい勘していましたね、なんて（笑）。

半藤　宮部さんはそこから来るのか、と、渡されたリストを見てうなりました。

宮部　でも、最初に10大事件を考えたときは、金融恐慌なんて、私の頭になかったんです。だけど年表を読んでいるうちに、あ、今と状況が似てる、と思って。私は自分が恐いと思うことについてよく作品に書いたりします。今の状況が昭和の初期

東京渡辺銀行休業で押し寄せた預金者。

の状況に似ているのかなということを、半藤さんにお伺いしたいなと思いました。

半藤　まず、昭和元（一九二六）年は一週間しかないんですよ。私は編集者の頃、一ぺん探したことがあるんです、「昭和元年生まれ」という人を。とくに女の人は全然いないんですよ。

宮部　とくに女性が？

半藤　なぜいないかというと、当時は数え年でしたから、生まれて一週間たつと二つになっちゃうんです。

宮部　あ、そっか。

半藤　女の子の場合は、すぐ年とっちゃうのは気の毒だというので、みんな昭和二年一月生まれにしちゃっているわけです、届けを。

宮部　う〜ん。やっぱり当時のことって、そういうエピソードを伴って聞かないとわからないですね。年表を見ていても、ああ、昭和元年は短かったんだな、ぐらいしかわかりません。じつは、うちの父が昭和二年の六月生まれなんです。

半藤　六月だと、大丈夫でしょうね。一月生まれはかなりあぶないんですが。元年はたった一週間しかなくて、昭和二年が始まったんですけれども、とにかく、そうやって「昭和」という新しい時代が来たわけですよ。昭和という時代を迎えて最初は、「光明の平和なる新時代の建設である」なんて、マスコミは書きたてました。「時事新報」が一月一日の社説で謳っているわけです。でも、「これからは、いい時代が来るのだ」と言っている矢先が渡辺銀行倒産騒ぎなんです。

宮部　なるほど。

半藤　昭和二（一九二七）年、三月十五日ですね。じつは、昭和という時代のスタートは、そんな「光明・平和な時代」ではなくて、大正時代の第一次世界大戦後の世界的不景気を背負って始まった時代なのです。

宮部　はい。

半藤　すでに中国では孫文が革命を起こしています。孫文は早く死んでしまいますけど、後を継いだ蔣介石が中国の統一を目指し活動し、大陸の激動の時代が始まるのですよ。日本はそんな中で満州の権益というものをしっかり守らなきゃいけないとされているときに、昭和に変わったわけです。

宮部　なるほど。

半藤　第一次世界大戦後の世界不景気の煽《あお》りを食った不景気。もう一つは中国問題、つまり外圧。この二つの大問題を抱えて、昭和が始まったのです。だから昭和という時代は、けっして華々しく始まったわけではない。しかし、「華々しい時代だ」とマスコミや国民は思ったんだよね。なんといっても新帝ができたのですから。そうしたら渡辺銀行なんですよ。

宮部　いきなりこの騒動だったんですね。

半藤　宮部さんの言うように、三月十四日に片岡大蔵大臣が議会で失言をした、その翌日ですよ、渡辺銀行が休業を決定したのは。渡辺銀行だけじゃないんです。あかぢ貯蓄銀行というのが東京にあって、それも倒れたんですよ（休業）。そうして昭和「恐慌」というものが始まったわけ。

宮部　はい。

半藤　十九日に中井銀行、二十二日に村井銀行、中沢銀行、八十四銀行、左右田《そうだ》銀行と次々休業。銀行総倒れです。そして当時の最大の商社・鈴木商店の破綻、銀行の取り付け騒ぎへ一気に進むわけです。[2]

宮部　まさにドミノ倒しですよね。

日銀から運ばれる現金（？）。（昭和2年）

半藤　ただ事じゃないぐらいの銀行総倒れ。金融恐慌というと私たちは渡辺銀行のことばかり頭に浮かぶんだけど、あにはからんや。当時は預金の保証もなかったわけだから、銀行窓口にみんな殺到したわけです。

宮部　パニック状態だ。

半藤　じつは、第一次世界大戦後の不景気があったので、大正時代からときどき、「銀行が危ないぞ」「危ないぞ」、とささやかれていた。だからすぐ銀行に押し寄せているんですよ。しかし銀行はそれまではなんとかあの手この手で乗り切っていた。そういう時代背景があった。銀行によっては、窓口に押し寄せた多くの人で、どうにもならなくなったので、「ただいま日本銀行からお札を運んでくる車が途中まで来ておりま す。皆さん、どうぞご心配なく」と客に説明して、間もなく自動車が着いて、札の詰まった箱を、銀行にどんどん運び入れたわけ。それで騒ぎを収めようとしたのだね。

宮部　心配ありませんよ、ってね。

半藤　ところが、客が箱の中身を見たら全部、古雑誌だったという。その銀行には届かなかったわけだ。その銀行も、その三月に倒れるのですが、つまりいくら「日本銀行から取り寄せています」と銀行が言っても、民衆はもうみんな、銀行の手口というものを、前の段階で分かっていたんですよ。

宮部　もう騙《だま》されないぞ、と。

半藤　それで銀行は次々パンクしちゃうわけ。

宮部　ゾッとするような話ですね。

半藤　そういうことなのです。つまり、昭和史とは、そのスタートから、そうした馬鹿騒ぎで始まり、その後もわれわれ民衆の中に、金融に対する不信感をずっと残すんですよ。昭和に改元されて、これからいい時代が来るんだなと思った途端に、こうなってしまったというのは、その後の歴史を考えると、象徴的と言えば象徴的かもしれません。

宮部　それで四月十七日にはもう若槻《わかつき》内閣総辞職。でも、その後も銀行はバタバタ倒れていますね。今こんなことが起こったら……今はこういうことが起こらないようにしているのでしょうけれども。

半藤　いや、今だって分からないけど。なにしろ赤字国債の額は目もくらむほどですから。でも政治家の周囲には、要するに頭のいい人がいるのですね。

宮部　ブレーンの中に。

半藤　かなり頭のいいブレーンがいるんですよ。国民の目が莫大な借金に向かないように、地方創生、女性の地位向上……。

宮部　地方と女性が元気にならなければ、と言っています。

半藤　国民の目をそっちに向けておいて、「第三の矢」もどっかへ行っちゃったし。

宮部　そう言えば、しばらく聞いていませんね、第三の矢ね。

半藤　上手に目を逸《そ》らしていますけども、昭和初年のこの時代も、じつは指導者というのは上手に……。

宮部　逸らそうとしましたか？

半藤　それで「新しい時代が来た」と。新天皇を守り立てるために、新聞はみんなバンバンそう書いています。失言問題から渡辺銀行の経営がガタガタガタッとなるまでは。

宮部　明るく盛り上げようとしていた。

半藤　第一の矢、第二の矢と……。

宮部　これからはどんどんよくなるんだ、という姿勢だったんですね。

半藤　そうなんですよ。

宮部　それはやっぱり、昭和天皇が早くに摂政《せっしょう》になっておられたから、我らが若君がとうとう天皇陛下になられると。そういうお祝い気分があったのでしょうか。

半藤　ものすごく期待があったんですよね。「聡明な方だ」という評判がずいぶんあったんですよ、昭和天皇は。

宮部　お若いのに、ものすごいプレッシャーの中で即位されたわけですね。

半藤　しかも若いうちに外国旅行をなさった。たった一人でしょう、それまでの歴代の天皇で世界を知っていたのは。皇太子のときだけどね。でも、外国で堂々と帝王ぶりを示してきた、と、新聞では詳しく報道されていました。ほんとうに一挙手一投足が報道された。それもあって、ものすごい期待だったんですよ。

宮部　そうか。明治天皇は洋行されたことがないんですね。

半藤　ないです。大正天皇もないです。

――震災と恐慌の関わりとは。

宮部　四年前の関東大震災の後の復興のための手形で、銀行が割り引けなくなったのを、日本銀行が引き受けた（被災地の企業の振り出した手形を、日銀が再割引した）。それは「震災手形」と一般に言われました。

半藤　そうしたことをやっているんですよ。委細かまわずに。

宮部　しかし大震災の処理のためのこの震災手形が、膨大な不良債権に化した。当初は不良債権にならない見込みがあったのですか。

半藤　さて、どうでしょうかね。片岡大蔵大臣が本当に回収の見込みがあると思っていたかどうか。でも少しは見込みがあったから、やったんじゃないですか。

宮部　でも残念ながら、結局、日本銀行による救済融資の方法を取らないと、にっちもさっちもいかなくなった。日銀が割り引いた手形は、当時のお金で四億三千万円だそうです。昭和に入っても二億七千万円もの未決済の手形となって残った。この中でもとくに大口だったのが台湾銀行だとありますね。

半藤　なのに「復興祭りをやろうじゃないか」と声が掛かっていますから。関東大震災からの帝都復興祭を大々的にやろうじゃないかというプランが出ています。

宮部　気持ちとしてはね。

半藤　そんなこんなで、恐慌から始まって、大蔵大臣が金解禁をやるわけですよ、昭和五年に。「金解禁をすると景気はよくなる」というような威勢のいいことを言って、私の生まれた年だけど。前年の昭和四年から金解禁をやりますよと予告していたのですが、その年の十月下旬に、ウォール街からの大恐慌が起きちゃうんです。

宮部　間の悪いことに。

半藤　ウォール街の株の暴落も、日本は最初は楽観視してました。アメリカ経済がこれでそう悪くなるなんてことはないだろうと。あにはからんや、アメリカどころか世界的な大恐慌になっちゃうわけです。そのときに日本は金解禁などというものを実施しちゃった。だから、いやはや日本の景気はひどくなってね。昭和二、三、四、五、六と、この五年間、この国はもう、貧窮のどん底なんですよ。それに冷害や凶作の連続もあった。

宮部　実態としての不景気もそうだし、これから先、もっと悪くなるんじゃないかという見通しの暗さにも怯《おび》えなければならなかったということですね。

半藤　ええ。経済状況はものすごく悪くなって、今で言うGDP（国内総生産）のいちばんどん底は昭和六年なんです。しかも東北の凶作がこれに重なるわけ。それで満州事変が起きるのですよ。

宮部　そうですね。

「昭和」という名

半藤　簡単に言えば、昭和恐慌から始まって昭和六年の満州事変までの間の日本というのはもう、経済的に言えば本当の貧窮国家なのです。いたるところで娘の身売りがあったというじゃないですか。

――地方は相当疲弊《ひへい》したのですね。
半藤　とくに東北はね。亀戸《かめいど》とか玉ノ井の私娼窟の女の人はみんな、東北弁を使っていたというんだな、うちの親父なんかが言うには。
宮部　そうですか。そしてそれが……。
半藤　国際連盟からの脱退や二・二六事件へとつながってゆく。
宮部　私の出身校で、半藤さんも一時在籍していらした、だから私は自分を後輩だと言っているんですけど、旧制の七中（東京都立第七中学校、現・都立墨田川高校）って、近くの駅が玉ノ井駅ですよね。私が学生だった頃は昔の雰囲気がまだありました。
半藤　そうですね、曳舟《ひきふね》駅の次が玉ノ井。
宮部　「玉ノ井」という立派な駅の看板がありました。私たちべつにそれを何とも思っていなかったんですけどね。後になって歴史を知ったら、あ、そうなのか、という。滝田ゆうさんの漫画で、よく見ました。
半藤　今は東向島駅と駅名を変えているけど。
宮部　歴史のある名前は変えないほうがいいと思うんですけどね。
半藤　それぐらい日本の昭和のスタートは、ものすごく困窮したんです。
――「昭和」という命名の典拠が、よく話題に出ますよね。

宮部 とてもいい典拠なんですよね。

半藤 『書経』の「百姓昭明《ひゃくせいしょうめい》、協和万邦《きょうわばんぽう》」からとったというんでしょ。ある人が「半藤さんは何年生まれ？」と聞くから「昭和五年」と言ったら、「あなたの友達には、昭とか和の付く名前の人が多いだろう」と言う。なるほど、私の知人にも「昭（吉村）」、「昭五」とか「和子さん」「昭子さん」とか、「昭」とか「和」の付く名前が、ほんとに多いですよ。

宮部 新しい元号から一字をもらって命名したんですね。

半藤 ところがね、「昭」という字は、およそ日本語の中であまり使われることのない字なのだという。それで漢和辞典を引いたんです。なるほど、昭という字が付くのは、せいぜい「昭示」という言葉くらいかな、という程度でね。

宮部 かなり改まった言葉ですよね、「昭示」というのも。

半藤 ええ。ほかには、昭という字を使う日本語は思い浮かばないですね。だから、当時の人はその言葉をきいて、すごく変わった字だと思ったみたいですよ、昭という字を。

宮部 私の伯父が、すごく「口」の多い漢字だなと思ったと言っていました。その後の食糧難を予見していたわけではないでしょうが。

半藤 それは面白い見方だね。確かにそうだ。

宮部　言われてみれば、確かに口がね、四角（□）が多い字の組み合わせですよね。

半藤　戦後は我々はみな、腹をへらして口パクパクやってたものね。

宮部　ですよね。食糧難は戦時中のほうがまだ何とかなったって、体験された方、よくおっしゃいますが。

半藤　まだ何とかなったんですよ。戦時中は戦意昂揚のために配給があったので。

宮部　何とかギリギリ。

半藤　戦後はひどかったからねえ。もう滅茶苦茶でしたなあ。

宮部　うちの母も、疎開先で食べ物がなかったことと、いじめられたことはやっぱり今でも忘れられないと言っていますね。私、すいとんが好きで、すいとん汁を自分でよくつくるんです。おいしいですよね。自分でつくらなくても今、スーパーで出来合いのすいとんも売っているんですよ。それを残った豚汁とかに入れたりすると、お昼にちょうどよかったりして。「すいとんがおいしい、おいしい」と言っていたら、母が「そりゃあ今のすいとんはおいしいだろうよ」って。昔は、うどん粉の玉しか入っていなかった、って。

半藤　今のすいとんと違うもの。ただ団子が二つほどゴロリとしてるだけ。

宮部　ごそごそしていて、雑穀なんかも入れて団子にしたんだと思います。

半藤　私なんか、「今日はタニシが味噌汁の実だ」、なんて思って大喜びしながら、よくよく見たら自分の眼だった。

宮部　味噌汁に眼が映っていた！　悲しい笑い話ですよねえ。

半藤　汁に映った自分の眼玉がタニシに見えたんだよな。

宮部　昭和一桁生まれの両親と話していると、あ、この世代の人たちは苦労したんだなと、ぽっと感じることがあります。

半藤　たとえば、どういうときに？

宮部　平成五年かな、お米が穫れなかった年がありましたよね。タイ米を大量輸入して、まあ何とかみんなで食べましょうって。そのときに母がね、「べつにいいよ。お米が買えないんだったら、パン食べてもいいし、うどん食べてもいいし、かまわないよ。そんな遠くまで買いに行かなくても」なんて言っててね。「でも、お母さん、外国のお米だっておいしいんだってよ」と言ったら、「いいえ。私は内地米《ないちまい》が食べたい」と言ったんですよ。

　内地米!?　と思って。その言葉に、うちの母は昭和九年生まれなんですけど、ああやっぱり感覚的にはそんな時代の人なんだなって。

半藤　外地米しかなかったからね。外地米というのは色が黒くて細長いんだよ。

宮部　あと、これは食べ物じゃないんですけど、うちの母が「誰それは進駐軍のオンリーさんだったんだって」って。「それはお母さん、家の中なら私は分かるけど、外で言っても、たぶん分かんないよ」って言いました。オンリーというのは、いわゆる囲われている女性のことですよね？

半藤　オンリー、つまり、「一人だけ」。どなたとでもようござんすというんじゃなくて、一人だけの囲い者になることを「オンリーさん」と言うんだよ。

宮部　なるほど！　って話が逸《そ》れちゃいましたが（笑）、時代状況が今とちょっと似ているというお話に戻しますと、今は情報が早く正確に、誰でも、これ間違っていると思ったらパッと発信できるから、大臣の一言の間違った発言だけで、こんなふうに金融パニックにはならないだろうけど、やっぱり当時も、その後の地震など自然災害と長引く不景気で、国の中がキナ臭くなっていく、その前奏曲だったんだなと思います。

半藤　銀行には、デマで殺到したという面もあるようなんですよね。

宮部　危ない、危ない。そりゃあ、だって誰だって自分の預金を守りたいですもの。

半藤　守ろうとして、早く預金おろしちゃおうというので殺到して。そうしたらカネがないじゃない、銀行は。だから次々とシャッターを下ろしていくという。

――昭和のその後の運命を予感させる事件として、金融恐慌は重要な事件だということですね。

半藤　放送メディアというものが、まだ確立されていなかったんですね。ラジオ放送はもう始まってはいたんですが。

宮部　あ、そうか。ラジオ放送がね。

半藤　でもまだ全国放送じゃないんですよ。全国放送になるのは昭和三年。それまでは、御大礼（即位）を中継放送するというので日本放送協会がしゃかりきになって全国に放送局をつくっている最中なんですよね。〔3〕

金融恐慌は、その後の昭和という激動の時代を象徴する幕開けの事件として、半藤・宮部版の昭和の10大事件として認定しましょう。

〔1〕昭和二（一九二七）年三月十四日、第五十二回帝国議会で、大蔵大臣片岡直温が「東京渡辺銀行がとうとう破綻を致しました」と失言したのが、金融恐慌のきっかけの一つと言われている。

〔2〕三月二十六日、台湾銀行が鈴木商店への新規融資を中止。四月五日、鈴木商店破綻。四月十七日、若槻礼次郎内閣総辞職。十八日、台湾銀行・近江銀行休業。

〔3〕御大礼の放送を目標に工事がなされた全国中継放送網は、昭和三年十一月五日に完成。日本放送協会の全国ネットワークが、翌十一月六日、（昭和）天皇・皇后両陛下が京都に旅立たれるため皇居を出発し東京駅に向かわれる模様を放送したのを皮切りに、御大礼の行事を伝える電波が全国に発信された。

2 二・二六事件

昭和十一年二月二十六日

空白の二時間

宮部　第一の重大事件である金融恐慌が東北など地方の疲弊をもたらし、女性の身売りなどを引き起こした。経済不安が社会全体の雰囲気を重苦しくしていって、そこへ何とか活路を開こうという動きが二・二六事件をもたらした、というお話をまずここまで聞いてきました。

半藤　二・二六事件は、宮部さんが小説に書いていらっしゃる（『蒲生邸事件』）ので、宮部さんに話してもらいたいです。

宮部　またまた……（汗）。

半藤　昭和十一（一九三六）年の二・二六事件のときに、天皇の意味深長な言葉があります。――五・一五事件のときに、しっかりとこれを罪に問わなかったので、二・二六事件が起きてしまったのだ、だからやはり犯罪者というものは、厳しく罰しなければならない、と。やはり国家的犯罪であるとね。

宮部　要人の暗殺は、テロですもんね。

半藤　しっかりとテロは取り締まるべきであった、と昭和天皇が言っている。というのも、その前の昭和七年に起きた五・一五事件は、問題を残したとすれば、国民の多くが、あれを義挙として受け止め、沸いてしまったことです。いいことをしたと。つまり、不景気から脱却するために、満州という広大な大地に、農業的にも工業的にも、すごいものを日本がつくろうとしている、と。しかし、今の犬養毅内閣はそっぽを向いていると思われていた。

宮部　あんまり乗り気ではないと。

半藤　じつはそうじゃないのですけどね。しかし、国民は、ものすごく沸いちゃったんですよ。新聞も誉め称えた。

宮部　五・一五事件では、実行犯を助命してほしいという国民からの嘆願書というのが、すごくたくさん政府に届いたそうですね。

半藤　そう、血判書が山のように積まれたりしてね。それを昭和天皇は、後になって、あのときにしっかりと取り締まらなかったから、二・二六事件につながったと言っているのです。

宮部　つながっていますね。

半藤　二・二六事件の青年将校は、天皇は、「君側《くんそく》の奸《かん》」（奸臣）にとりまかれて身動きがならない。我々が起《た》ってその暗雲をとりのぞいたら、天皇は我々を支持してくれるはずだ、と思っていた。国民も我々の味方をしてくれる、新聞も我々の味方をしてくれるはずだという、思い込みがあったのだと思うんです。ところが、天皇は、こっちを向いてくれなかった。

宮部　事件の最初から大変厳しいことをおっしゃっていたそうですね、昭和天皇は。

半藤　そっぽを向いちゃったんですね。しかし、天皇の身近にいた本庄繁侍従武官《じじゅうぶかん》長《ちょう》は、以前から天皇を口説いていました。[1]

宮部　懐柔しようと。

半藤　その上に、天皇は決起した青年将校のほうに同情してくれて、天皇はこっちを向いてくれるだろうという情報を将校側に流していたと思います。

今度の『昭和天皇実録』（以下、『実録』とする）で大変興味深かったことがあります。本庄繁侍従武官長は、事件の起きた日の午前五時に（本庄繁の娘婿の）山口一太郎（陸軍大尉）――青年将校の先輩格になる男ですが、彼から電話があって、決起したということを知るんですよ。これまで二・二六事件の通説となっている『本庄日記』では、それを天皇に報告したのは「午前六時」となっているんです。ところが、『実録』では「午前七時十分」となっている。第一回目の報告が。

宮部　違っているんだ。

二・二六事件で戒厳司令部が置かれた九段の軍人会館。

半藤　ということは、五時から七時十分の間、本庄が何をしていたのか。
宮部　空白の二時間と十分。
半藤　この間はね、本庄は山口大尉と打ち合わせしていたと私は思います。
宮部　青年将校側と。
半藤　天皇はこっちを向くから、必ず向かせるから、どういうふうにするかというようなことの打ち合わせを、きちっとやっていたと思いますよ。
宮部　うむむ。
半藤　じゃないと、五時に自分で分かっておいて、二時間も……。
宮部　ぼやぼやしているわけがない。
半藤　ところが、自分の日記では「六時」と書いているのです。五時に電話で知って、洋服を着たり準備をして、宮城《きゅうじょう》へ出かけていくのに一時間かかったと。

宮部　いろいろ身支度やっていたから。

半藤　なぜ彼は天皇を将校側の味方にできる自信があったのか。それは、五・一五事件のときの軍事裁判の刑が軽かったし、国民の世論は、青年将校、というか、実行犯の海軍士官側に同情が向かっていたという判断があった。

宮部　我々の気持ちを代弁してくれていると。「君側の奸を討つ」ですよね。

半藤　そういうことがあったので、楽観視していた。楽観というか、まあ、錯覚でしょう。

宮部　そういうふうに見通せる気持ちがあって、決起したということなんですね。憲兵隊の動きが遅かった、なかなか宮城に来なかったというのも、本庄武官長が情報を止めていたんじゃないかという説があるって私、聞いたんです。

半藤　それもありえるんじゃないですか。

宮部　だって本庄武官長は要《かなめ》ですものね。すべての情報が早くから入っているわけですから。

半藤　本庄武官長は本当はすぐに宮城へ行かなきゃいけないんですよ。憲兵隊の動きも非常に遅かったけど。

宮部　もっと早く動いていれば、襲われないですんだ、殺されずにすんだ人もいたかもしれない。

半藤 いたかもしれないですね。でも、本庄武官長は自分からの報告以外に、天皇の耳に、あんなに早く入ると思わなかったのじゃないですか。なぜすぐに入ったかというと、襲われた鈴木貫太郎の奥さん、たかさんからの電話によってです。

宮部 乳母さんだった人。

半藤 たかさんは、昭和天皇の乳母《うば》というか、子供のときの御用係ですから、宮城の中のことを知っているんですね。彼女が天皇に直接、逸《いち》早く電話したんです。たかさんに言わせると、そんな大事件のことを知らせようとしたんじゃなくて、怪我をした鈴木貫太郎に宮内省の医者を頼もうと思って電話をした、と。

宮部 ああ、なるほど。

半藤 というふうになっているのですが、真意はわかりません。とにかく、たかさんからの第一報なんですよ。

宮部 ああ、それはやっぱり大きいですね。

半藤 たかさんというのは、天皇が母のように思っている、貫太郎を父のように思っている、ということになっていますけど、本当かどうかわかりません。『実録』にはそんなこと書いてないけどね。だけど、たかさんから第一報が来たことは間違いないんです。『実録』にはっきりとそう書いてありますから。

宮部　それが命運を分けましたね。

半藤　分けました。他の人、例えば、高橋是清《これきよ》の奥さんも立派だったし、渡辺錠太郎の奥さんも立派だった。ですが、すぐに天皇のところへ知らせるという知恵は働かなかったと思いますよ。ところが、たかさんのおかげで、天皇は逸早く知っちゃったのですね。

宮部　やっぱり養育係の女性とその夫の身に降りかかったことだから、受け止め方がちょっと違われたんでしょうか。

半藤　しかも貫太郎さんは、天皇にとって自分の侍従長ですからねえ。それが重傷を負った。

宮部　手当てが早かったので命は助かった。助からなかったら、終戦のときにどうなっていたか分からないですよね（鈴木貫太郎は終戦時の首相）。

半藤　分からない。だから二・二六事件は、面白いところで偶然が働いたというか、日本にとっては幸運が働きましたね。

宮部　いや、ほんとですね。

半藤　このとき、輸血というものが初めて効果を発揮したんです。それまで輸血というものはまだ、あまりされていなかったんです。

宮部　輸血しなかったら、助からなかったかもしれない。

東京市内を護衛する海軍陸戦隊の戦車。

半藤　そういうような偶然というか幸運が、二・二六事件では重なっているんですよ。

宮部　歴史が、のちの鈴木貫太郎首相を生かそうとしてくれたんだなあというふうに、私なんかは物語作家ですからね、つい考えちゃうんですけど。

半藤　天が貫太郎を生かそうと思ったかもしれないね。

宮部　そのとき歴史の意志は、そっちにあったのかなって。だから、どなたが連絡したかということと、決起隊が宮城には入れなかった……。

半藤　もちろん入れないですね。

宮部　ということがやっぱり大きかったんですね。松本清張さんも『昭和史発掘』でお書きですけど。

半藤　ええ。あれはやっぱり青年将校の作戦計画が杜撰《ずさん》でした。彼らは、大蔵大臣の高橋是清さんを殺《や》るということをまず目標にしていました。今の青山通りの〈とらや〉の隣りの隣りぐらいに、高橋是清の家があったのです。第一師団の歩兵第一連隊、歩兵第三連隊が決起するわけですが、青山通りを通らなきゃいけない。あそこは交通量が多いから、知られてしまうと思ったかどうか知らないけど、高橋邸に一番近い師団にやらせようとした。そこで、今のTBSのところにあった近衛《このえ》師団の近衛歩兵第三連隊、近衛兵を使ったわけです。近衛兵は宮城の中に入れる、たった一つの部隊なんです。

宮部　特別な部隊なんだ。

半藤　歩兵の第一連隊も第三連隊も入れない。赴援《ふえん》部隊として、その宮城の中へ黙っても入れる部隊に、その前に近衛連隊に高橋是清暗殺をやらせるというのは……。

宮部　殺害する側の人間の心理として無理がありますよね。

半藤　人間の心理として、一ぺん、人を殺して、もう一ぺんさらに大きなことをやるというのは。高橋是清、惨殺ですからね。血だらけになった。それを目の前で見て、それから宮城占領、場合によっては撃ち合いをやらなければならない、というようなことをやろうというのは、これ、無理ですよ。

──逆に、一ぺん血を見たら、昂《たかぶ》って、理性を失ってガーッとやっちゃうようにも思えるのですが……。

宮部 これは作戦行動ですよね。その場合は無理なんじゃないですか。私も、犯罪心理学者の方に会ってお話ししたり、本を読んだことしかなくて、実際に事件の関係者に取材したことはないのですが、例えば、盗みに入って家の人に出くわしちゃって殺しちゃったら止まらなくなって、その場にいた人みんな殺しちゃうとか、そういうのは一種の興奮状態らしいんです。それを、すごく嫌な言葉で、「血の酩酊」(血に酔っぱらう)というんですけど、すごく動物的な状態である。しかし、クーデターであるにしろ作戦として計画的に、リーダーのもとに組織的に一つ事を進めていくというときには、やっぱり無理だろうと思いますよ。

半藤 部隊行動としてね、「弾込め!」「撃て!」とやるわけでしょう。バンバーンと撃って、バーッと血だらけになって。「撃ち方やめ!」「銃おろせ!」「隊列!」といって、あそこからまた半蔵門まで歩くわけです。時間がかかるから「血の酩酊」は冷めてしまう。緊張感が、一度もう天辺《てっぺん》まで行っちゃっていますよ。それから半蔵門の中に入って、もう一ぺん、宮城を護っている大高少尉って、顔を知っている同じ近衛のやつを……。

宮部 仲間ですよね。

半藤 同じ近衛のやつと向かい合って、一対一で殺そうというのは、簡単にできないんじゃないですかね。

宮部　できないと思います（宮中に乗り込んで陛下に決起の趣旨を直接上奏《じょうそう》しようとした中橋基明中尉は、行く手を阻んだ陸士の同期、大高政楽少尉に拳銃を突きつけたが、彼を撃つことはできなかった）。
半藤　両方同時にピストルを抜いたんだからね。だけど、中橋のほうが先に……。
宮部　ガクッと膝が折れてしまった。
半藤　膝が折れてしまって、自分だけ宮城から出て行っちゃったんだね。
宮部　清張さんの『昭和史発掘』の、その件《くだり》が、もちろん事実を取材して書かれているんですけど、まるで小説の一場面みたいで。でも、納得がいくんです、無理だったんだな、って。
半藤　あれは無理だった。でも、無理じゃないと思ったんでしょ。
宮部　できると思ったんですね、計画のときには。
半藤　お前のところが近いから、ついでにやって行ってくれと。血祭りに上げて威勢よくやろうじゃねえかなんて思ったかどうか。でも、現実はそういうものじゃなかったんじゃないですかね。
　こんなふうに二・二六事件というのは、思いがけないことがどんどん起きたんですよ。
宮部　例えば？

半藤　まず、天皇陛下が逸早く知っちゃったというのは、これ、大きいですよ。

宮部　しかも、お怒りになったという。

半藤　いち早く知らせてきたのが、天皇のお母さんみたいな人であったと。殺されそうになったのが、親父さんと思っていたような侍従長であった。天皇はあのとき満三十四歳で。

宮部　三十四歳で、こんな国難に……すごくお怒りになって、朕《ちん》が股肱《ここう》の重臣たちを、このように殺害した者たちを、赦《ゆる》すことは決してできないというようなことをご発言になったという（朕の股肱の老臣を殺傷するのは、朕の首を真綿で絞めるごときもの）。

半藤　決起軍が残忍な殺し方をしたというのは、天皇の耳にまだ入っていないんです、あの時点では。

宮部　そこまで具体的なことはまだお知りにならなかったのですね。

半藤　だけど、五時の時点で決起の情報を知って、表御座所《おもてござしょ》へ出、本庄繁が七時十分に報告に来たときに、もうこれは反乱である、と天皇は判断していた。私に対して刃を向けているのと同じだ、という判断をパッと下したのですから。本庄さんも驚いたんじゃないですか。

宮部　えっ、まさか、という感じだったのでしょうね。

半藤　その一言で変わっちゃったんです。想像すれば、やっぱり報告の、最初がよくない。耳に入り方がね。だって、沢山の兵隊が来て、武器も持たない老人一人をピストルや銃で——四発当たっているんです。たか夫人が何と言ったかわからないけど、少なくとも、虫の息ですと。それはやっぱりね、天皇は大元帥《だいげんすい》陛下ですから、自分の命令なくして軍隊が勝手に動くということは、大元帥命令違反なんですよ。

宮部　それだけで、もう。

半藤　それだけで、もう頭にこなきゃいけないんですよ。大元帥の命令なしに軍隊を動かした。じつは満州事変も軍部は勝手にやっているんだけど。だから、今回も陸軍の決起部隊は、大元帥は、後からどうせ褒めてくれるのだから、というような甘い気持ちがあったかもしれない。しかし、やっぱり、どう考えても基本的には大命令違反ですよ。しかも、愛すべき人から泣き声の電話が入った。

宮部　もし情報の入り方が違ったらば、反応も違ったかもしれない。タイミングの問題もありますね。順番が。人間の心理として、先に聞いた情報の方を信じやすいという傾向もあるかもしれません。

半藤　もっと情報の入り方が違ったうえに遅かったら、さて、どうなったか。

宮部　ありますよね。歴史って、そういうものだと思いますよ。

　決起した青年将校の側も、本当に困窮している人々、とくに北国の農民のためにという気持ちのあった人もいれば、軍の中での覇権争いもあったようです。だから、決起した側も、ある意味で同床異夢というか、一枚岩にはなれなかったということなのかなって、二・二六事件について書かれたものを読むと思うんですけど。それはそれで青年将校側も悲劇ですよね。事件を起こしてしまってから、えっ、こんなことだったのかって、愕然とした人もいたんじゃないかっていう。

もちろん、昭和天皇がお怒りだということ自体が、まず……。

半藤　おそらく、決起部隊は「えっ」、と思ったんじゃないの。

宮部　嘘だろう、騙されているんじゃないかと……磯部浅一が一時、騙されてるんだと言ってたって。

半藤　陸軍のそのときの陸軍省や参謀本部の幹部が悪いんだけど、まだクーデターの趨勢が決まっていないとき、決起軍にたいして、お前たちのやったことの意図は「天聴《てんちょう》に達せられあり」と言った。

宮部　その言い回しが問題ですよね。

半藤　それを、「天皇陛下は、『わかった』、と答えた」というふうに青年将校には伝えられた。天皇が怒っているというのはその言葉からは読めない。逆に、決起をご理解いただけたと思った。

宮部　「天聴に達せられ（あり）」、それは聴いたよ、でも、怒っているよ、ということは伝わってこないですもんね。それは、ほんとに悲劇ですね。事件が収拾していくまでのプロセスって、行き違い、行き違い、行き違いばっかりです。決起した青年将校に、共産分子から帝都を防衛する部隊として、そこに留め置くみたいな命令が出ていたりするんですね。

半藤　そう。それで決起部隊は赤坂や永田町一帯を占拠して悠々としていた。

宮部　私、二・二六事件について本を読んだときに、そこがどうしてもわからなかった。どういうことなんだろう、これ？　どうして急に「共産分子」という言葉が出てくるんだ？

半藤　何から守るのかね、あれ。

宮部　すごく不思議ですよね、あの収拾していく過程が。

半藤　陸軍同士が戦ったりしないような形で収めようと思っているから、いろんな手練手管を上でやっているんです。

宮部　海軍はカンカンに怒って、横須賀から乗り込むぞ、とかね。

半藤　そう、カンカンに怒った。私は最近、海軍側は二・二六事件をどう見たかを考えているんです。海軍側から見ると、青年将校がやろうとしたことは一種の革命ですよ。しかしこれを上手い具合に利用して、これを討伐するような恰好で、陸軍がもう一ぺん、反革命をやるとしたら。

宮部　ああ。
半藤　この機会を利用して一気に、軍国主義国家にしてしまおうという陸軍の一方の狙いが、海軍側から見えたのだと思うんです。
宮部　なるほど。実際、ほんとに、流れとしてはそうなって行っちゃうんですから。
半藤　それを一番やろうとしたのは、石原莞爾《いしはらかんじ》じゃないかと思うんだ。でも、石原莞爾の動きというのが、清張さんの本を読んでも、よくわからないんですよ。
宮部　謎の人ですね。
半藤　最初は、青年将校からの、暗殺というか殺害の目標なんですよ。石原が。
宮部　狙われる。
半藤　ところが、すぐに青年将校側になっているんですよ。信頼されている。石原莞爾は、あっちへ行ったり、こっちへ行ったりしている。本当はもしかしたらチャンスと考えていたかもしれない。石原は戒厳司令部をつくって、戒厳司令部参謀として自分で作戦計画を練って、甲府の連隊を連れて来たり佐倉の連隊を連れて来たりして、反乱軍を討伐するような顔をして一気にまた、もう一ぺん反革命をやっちゃおうと考えているんじゃないかと、海軍は考えた。当時、戒厳司令部に石原と一緒にいた海軍参謀の書いたものを読むと、石原莞爾をじっと監視しているんです。
宮部　おお！

半藤　陸軍の動きが怪しいと、海軍は戦艦をわざわざ派遣してきた。
宮部　東京湾品川沖にね。
半藤　東京に大砲を向けているんですよ。もし陸軍が変な動きをしたら、やるつもりだったんじゃないですか。
宮部　内戦ですよね、そうしたら。
半藤　そのときの陸戦隊の師団の横須賀鎮守府の長が米内光政《よないみつまさ》（横須賀鎮守府司令長官）、参謀長が井上成美《いのうえしげよし》。あの連中はみな陸軍をよく見ていますから、「危ねえ」と。だから陸戦隊をダーッと用意しているじゃないですか。内戦にならなかったけれども、本当は危なかったのですよ。
宮部　でも海軍も行動を起こすときは、天皇の命令がなければダメですよね。
半藤　もちろん、天皇のお許しがなければダメだけど。
宮部　その場合は昭和天皇が海軍に、「陸軍の反乱部隊を討て」、という命令を出されるという形になるわけですか。
半藤　もちろん、海軍の軍令部総長が、そう天皇に許可をもらうわけですね。
宮部　陸軍と海軍が一つの国の中で戦ったという例は、世界的には、あるんですか。
半藤　撃ち合ったというの？　ないでしょうね。
宮部　どんなに仲悪くても、さすがにそれは聞かないですよね。

半藤　総兵数としては、陸軍は海軍の十倍ですけどね。ただ、帝都周辺だけを考えれば……あのときは陸軍の三にたいして海軍は三・五いました。

宮部　そうか。

半藤　そういう見方も海軍側からすると見えるんですよ、という話ですよ。

宮部　危なかったということですね。

半藤　それを一切、隠したけどね、反乱平定後は。一歩間違うと本当にこの国の歴史を大きく変える可能性があったという意味で、非常に重大な事件ですね。

二・二六事件その後

半藤　二・二六事件というのは、皇道派と統制派という名前で、陸軍の派閥争いのように言われることも多いですけど、単なる派閥争いじゃなくて、基本的な国家観の争いでもあるんですよ。

宮部　どんな国をつくろうか、という。

半藤　一方は「皇道」という名前があるように、天皇に帰一し、天皇を崇め奉って。

宮部　君主として戴いて、国をつくる。

半藤　もう一方は天皇機関説ですから。とにかく元首として戴いておくが、自分たちでナチス・ドイツのような上からの軍事的統制国家をつくろうと。そのほうが国防のために有効だという考え方なんです。国家総力戦の時代が到来しているから、きちんとした統制のもとに国民をおいておかないと、国防は完璧ではないと。

宮部　早く強く豊かな国になれるということですね。

半藤　では手段としてはどうかというと、当時皇道派の想定敵国はソ連なんですよ。ソ連だけが相手で、中国なんかは相手にしない。中国とは外交交渉で協調して、むしろこっちの味方にしておいて、ソ連とやる。もうソ連だけ。しかし統制派は、ソ連とはいずれやるだろうけれども、その前に後顧《こうこ》の憂いをなくするために中国を叩いておこうと。ガーンと叩けば中国はヘナヘナになるだろう。蔣介石の国民政府は、まだ統一国家にはなっていない。まだ軍閥が山ほどいるし、共産党もいるし、大した国家じゃないから今のうちだ、というので、統制派は中国一撃論なんです。満州事変の体験で中国軍をなめきっていた。

宮部　社会科の教科書だと、太字になって出てくるところですね。中国一撃論と対ソ戦略論、その対立であった。

半藤　その考え方は非常にはっきりとしていまして、陸軍内で争ったのです。しかしまさか武力闘争で、二・二六事件などというものを起こそうとは、指導部も考えていなかったと思います。それで結果的に統制派が勝ったので、皇道派の奴らめと、みな追っ飛ばしちゃったわけよ。

宮部 そうでしょうねえ。

半藤 仲間のはずだと思っていたのに、皇道派だと見られて追っ飛ばされた中に、牟田口廉也《むたぐちれんや》がいるわけです。それから終戦時のスウェーデン駐在武官（公使館附武官）小野寺信《おのでらまこと》。有名な方々ですが、みな皇道派だったんですよ。

宮部 ああ、そうか。

半藤 小野寺さんの奥さんの百合子さんは、「小野寺が一生懸命に、ドイツは勝てないんだと電報を送っても、大本営、参謀本部は全然認めない。にぎり潰《つぶ》された」とうったえています。

宮部 聞いてくれなかった。

半藤 当り前なんだ。皇道派ですから。こんなヤツの電報なんか見る必要もない、と。

宮部 そのように読み取ってゆくと、わかりやすいですね。

半藤 皇道派の奴らが言ってくることなんて、うるせえ、うるせえ。牟田口廉也は、「俺は違う。俺はお前たちの仲間と思っている」と言っていたんですが、皇道派の連中は東京近在に入れるなというので、外へ出されたっきりです。ヨシ、こうなれば、というので牟田口廉也は、大勲功を収め、勲章をもらって東京へ凱旋《がいせん》してやろうと、日中戦争を起こしているのです。そしてその後は東条英機《とうじょうひでき》にベタベタになる。

宮部 不幸につながっていくんですね。

半藤　だから、二・二六事件の後始末がね、個々の単なる権力争いじゃなかっただけに、始末が悪いのですよ。

宮部　国家観は違っていたけれど、有為な人材もいたはずなのに、その人たちはみんな、皇道派だから飛ばされてしまった。

半藤　その上にもう戻って来られないんだ。

宮部　東条英機は、二・二六事件のときは満州にいたんでしたっけ。

半藤　満州です。

宮部　ですから火の粉がまったくかからなくて、統制派が天下をとったところに戻ってくるわけですね。

半藤　統制派の親方の永田鉄山《てつざん》の子分格になっていますから。

宮部　二・二六事件がなかったら、当時どちらかというと出世街道から外れていた東条英機が、早々に内地に戻って来るということもなかったでしょうか。

半藤　まあ、なかったかもしれませんね。それほど優秀な軍人ではなかったから。たちまち陸軍大臣になんて、普通なるはずないんですよ。

ヒトラーが死んでいたら

宮部　私、『蒲生邸事件』では、もともとは二・二六事件そのものを書こうとしたわけじゃなかったんです。大きな歴史の転換点に、歴史のことを何にも知らない現代の浪人生がタイムスリップしたらどうなるか、というアイデアが先にありました。それで、二・二六事件が歴史のすごく大きな転換点のようだから……と資料を読んだり、半藤さんにお話を伺ったりしたんですけど、そのときに、昭和の戦争への、幾つものスタートがここにある、と思いました。東条英機が中央へ帰って来るとか、昭和天皇の周りから重臣が排除されてしまったり。

だから歴史って、すごく恐いことをしますよね。歴史を擬人化するのはいけないと思うんですけど、私は小説書きなので、どうしてもそこに歴史の意志みたいなものを見ちゃうんですよ。「歴史」は、ここでこういうふうな事件を起こして、それをこういう形で収束して、結果的に流れをこっちに行かせたかったんじゃないか、みたいなね。

――宮部さんの小説の中では、「歴史は変えることができない」という姿勢で書かれていますね。もし歴史を変えて、例えばそこで死ぬ人を助けても、またその人が死ぬ、と。

宮部　大きな流れは変えられない。だからね、例として出すのはちょっと乱暴ですけど、ヒトラー暗殺計画が何十回もあって、全部失敗しているというのも、私はやっぱりなにか非常に恐ろしい、善悪を超えた、歴史の意志みたいなものを感じてしまうんです。

――でも、読んで感じたのは、宮部さんが言っている歴史の意志というのは、擬人化とはちょっと違いますよね。人格として歴史を捉えているんじゃなくて、もっと違うシステムというか存在として、歴史を捉えています。

宮部　或る段階を踏んで行かないと先にいけない、というのが歴史の悲しさというか、人間の限界というか。

ヒトラーが数多くの暗殺計画をかいくぐって生き延びたのが歴史の意志とすれば、それは、すごく恐ろしいものですよね。しかしその意味は、ヒトラーのような存在が暗殺されず、途中で消えてしまうこともなく、生かされて、ああいうふうに国際社会が注目しているなかで自滅することで、ものすごい沢山の犠牲を払いながら、あんな愚行を二度と繰り返さない段階に、人類が上るということなんでしょうか。

半藤　ヒトラーが殺されずに存在していたから、ああいうことになって、結果的にその後に現在のＥＵが出来ているのかもしれません。もしヒトラーが戦争中に暗殺されて、戦争というものが、ああした惨憺たる形で終了しなかったら、もっと早めにヨーロッパの戦争は終了したでしょう。しかしそうすると、相変わらずまたドイツとフランスが睨み合ったままだったかもしれないと思いますよ。

宮部　ヨーロッパの冷戦になったかもしれませんね。

半藤　ヨーロッパでまた、もう一ぺん戦争をやっていたかもしれませんよ。過去に惨憺たることをやったから、お互いに、もうやめようと、本当にこりごりして、やめているんだけど。たとえばヒトラーが途中で死んでいたら、ドイツ国防軍は最後までやらないだろうから、もう少し手前で、早くやめちゃうよね。

宮部　そうでしょうね。

半藤　するとアフリカ戦争なんかないだろうし、ロンメルがあんなふうに頑張ることもないのだから。戦争の終わりの形が全然ちがうことになっちゃう。そうすると戦後のアフリカの独立問題なんてのは、どうなっていたかわからない。

宮部　今頃になって、独立戦争していたかもしれませんね。

半藤　そうね、やってるかもしれないね。少なくともEUは出来ていなかったろう。

宮部　日本の外交上の立場も、きっと大きく変わっていたでしょうね。私たちふだん、学校などでメルカトル図法の、太平洋が真ん中にある地図を見ているじゃないですか。でも、ヨーロッパを中心にして、大西洋が中央に描かれている地図で見ると、日本って、ほんとに端っこですよね。極東とはよく言ったもんだ。

半藤　日露戦争のときの日本の立場は、アジアに一つぽつんとある国ですが、歴史学では、ヨーロッパの代理戦争だと言われます。当時は、ドイツとロシアは強い同盟を結んでいた。イギリスから見ると、フランスとロシアも強固な結び付きで、ドイツはフランスと仲悪いけれど、ロシアを通して条約を結んでいるから、フランスといつ手を結ぶか分からない。イギリスから見ると、どうも自分のところだけ孤立化しそうだというので、アジアのほうへ目を向けると、ぽつんと日本がいる。

宮部　端っこにね。

半藤　イギリスはそこで、「アジアは日本の海軍に任せる」というのっぴきならない事情で、日英同盟を結ぶんですよね。つまり簡単に言うと、日露戦争は独仏対イギリスの代理戦争だ、という見方をする人もいるわけです。自分たちは直接には戦争したくないけど、アジアのほうでやらせれば、それでロシアの力を弱めておくことができると考えた国があった。

宮部　それが大事なことだったんですね。

半藤　日本はロシアに勝ったと浮かれていましたが、実態は違うし、イギリスにとってはそれはあまり重要ではない。相打ちでロシアの軍事力が損なわれればよい。歴史は一つの大きな流れに見えて、じつは多くの要素がパズルのように組み合わさっているから、一つの要素が変化したら、一見とんでもなく遠く関係のない場所のパズルも変容してしまう。それが歴史の意志というものの姿なのでしょう。

――さて、日本の軍部のその後の運命を変えたということで、二・二六は非常に重要な事件だったと。

宮部 そうですね。

半藤 ものすごく重要な事件だと思いますね。陸軍はこの大テロリズムを梃《てこ》にして、政治進出をぐんぐん強めていった。軍部ばかりではない、大日本帝国の運命も変えた。なぜかといえば、この翌年にはもう日中戦争が起きている。中国一撃論が大手をふって罷《まか》り通る時代が来ているんですからね。

宮部 いろんなことが符合していて。

半藤 それから日本は大政翼賛会へと、つながっていくのだけれども。

〔1〕本庄繁（一八七六〜一九四五）。男爵、陸軍大将。関東軍司令官、侍従武官長、枢密顧問官。満州事変勃発時の関東軍司令官、満州国の建国にも関与。敗戦後に自決。遺稿『本庄日記』。

3 大政翼賛会と三国同盟　昭和十五年十月十二日／九月二十七日

大政翼賛会は不思議な会

宮部　これは私ね、事件ではないかなとは思ったのですが、よい機会だから半藤さんに教えていただこうと思いまして。

たとえば「大政翼賛《たいせいよくさん》的なもの」という言葉を聞きますと、今私たちは反射的に顔をしかめますよね。「それは大政翼賛的だ」とか「こんな大政翼賛会的なものは」とか、言下に否定しますけど、じゃあ大政翼賛会ってどんなもので、どういう事情があって出来た、どういう組織なんですか？　と聞くと、ちゃんと答えられる人って、そんなにいないような気がして。なんとなく、大戦中の言論統制や隣組、国防婦人会のイメージとごっちゃになっているように感じることもあります。そういうものでもないのかしら。

半藤　そうではないんですよ。まず、これまで語ってきたように、昭和の戦前というのは、経済恐慌もあり、資源的に貧しいこともあり、国家総力戦時代が到来したというのに、とにかく国力的にはどうにもこうにもならないぐらい貧しかったんです。それで満州事変を起こして満州国をつくった。満州には石炭その他、石油もあると思ったんだけど、残念ながら当時は石油は見つからなかった。

宮部　石油はないんですね。

半藤　戦後には発見されましたが。とにかく、石油が見つからなかったので、当時としては結果的には失敗なんです。でも一応、石炭、錫《すず》、その他の金属、農産物、そういうものは、すごく日本の国力回復そして増強のために役立ったわけです。

　満州国を昭和七（一九三二）年につくっていろいろどんどんやって、日本の国力は金融恐慌勃発四年後の昭和六年がＧＤＰ（国内総生産）のどん底だったんですけど、その昭和六年から、満州事変、第一次上海事変、満州国建設などがあって少しずつ景気が良くなりだして、昭和十二年が、たしか戦前の最高の時期なんです。

宮部　え？　十二年ですか。

半藤　そうです、驚くなかれ、経済成長率が七年から十一年まで平均七パーセント、十二年は二十三・七パーセント。ウォール街発の世界大恐慌から世界で最初に脱却したのが日本なんです。

宮部　びっくりですよね。

半藤　これは、ほんとにびっくりするんですよ。そのぐらい日本の国力がぐんぐん伸びたわけです。そうなると、日本はどういう国家をつくろうかということを考えることになる。しかも、その前年の二・二六事件の結果、統制派が勝って、ナチス・ドイツのような上意下達《じょういかたつ》のきちんとした統制国家をつくろうじゃないか、という主張が主力になってくるわけです。

世界の情勢を見ると、ドイツは威勢がいい。ドイツと日本とが結べば、強力な同盟になる。一方で仮想敵国のソ連は共産主義国家になってから五カ年計画、さらに五カ年計画と計画をどんどん遂行して力をつけている。第一次世界大戦であまり傷を負わなかったアメリカもすごい国力がある。

宮部 若い国ですしね。

半藤 それで、世界は、アメリカの秩序の下の国家と、ソ連の秩序の下の国家と、ドイツの秩序の下の国家と、日本の秩序の下のアジア、という四つの新秩序になるだろう。日本が新秩序をつくってアジアの盟主、親分になる。これからの世界の秩序は四分割されるという、まあ、夢みたいな話だけどね。

宮部 そうですよねえ。

半藤 これはやがて日独伊三国同盟につながってゆくわけだけどね。つまり明日の国家像の問題です。でも、この時代を生きていた日本人はそんなことはみんな知らない。ただ、上のほうではそうやって夢みたいな国家構想を考えていたんだよ。

国民なんて誰も分かっていません。

宮部　やっぱり目先の生活と景気のことですよね。国民が心配するのは。

半藤　心配なのはそれしかないから。新聞はどうだったかというと、満州事変以降は軍と政府の太鼓持ちになっているから。メディアは権力を監視しなきゃいけないとか、言論の自由を守らなきゃいけないとか、今でこそ私たちは言っているし、明治期にもそれはあったかもしれないけど、もうそんなのは当時まったくない。一緒になってワッショイ、ワッショイよ。そこで何がいちばん邪魔かというと、ワシントン体制[1]というやつなんですよ。

宮部　ワシントン体制?

半藤　ワシントン体制というのは、要するにアメリカとイギリスの二国が中心になって、世界の秩序というものをつくっていこうというそれまでの枠組みです。大正十一（一九二二）年以来、それが世界秩序の基本になっていた。ところが、そのワシントン体制の外側には、共産主義国家ソ連という新秩序が出来てきている。だから我が日本も、ワシントン体制に縛られて、アメリカとイギリスというアングロサクソンの下に小さくなっていることはないじゃないか。少しは我々の権限も主張する必要があるんじゃないか、というので、ワシントン体制から脱却し、これを打破しなければいけない、という昭和七、八年頃から革新運動が起こるわけです。

宮部　うーん。

半藤　その主張が昭和十年までにさらに強くなりだすわけ。それでワシントン体制、アングロサクソンの世界体制から脱却するために、日本は逸早くワシントン（海軍）軍縮条約を破棄・失効しました。ロンドン（海軍）軍縮条約からも脱退した。昭和十一（一九三六）年です。日本は独自の道を歩いて行くんだと。国際連盟は昭和八年に脱退しちゃっていますから。

自分たちの道を歩いて行くとなると、国家としては新秩序を建設しなければならない。それを国家目標とする。それが「東亜新秩序」というスローガンなわけです。

宮部　ああ、なるほど。とてもよく分かりました。

半藤　要するに英米本位の平和主義というものは、日本にとって迷惑だ、と。むしろ世界は新しい秩序の下に分割されるべきでないか、という考え方に日本人はなったんですよ。そこで出て来たのが、近衛《このえ》文麿《ふみまろ》さんなんです。

宮部　なるほど。

半藤　近衛さんというのは、天皇に非常にゆかりの深い人で。

宮部　高貴な家柄の方ですよね。

半藤　しかも若さがあって、背も高いし、悠揚迫らざる、態度もいいし、さらに、ものすごく頭の良い良識豊かな人だという評判だった。

宮部　たいへんスマートなイメージね。映画でも知的な二枚目が演《や》ることになってます。

半藤　近衛さんが第二次近衛内閣を昭和十五年七月につくるわけです。そのとき近衛さんの言っていることがこの「東亜新秩序」ですよ。つまり、日本がアジアへ出て行って、外交的努力をしながら、もちろん武力が背景にあるわけですが、武力を見せびらかしながら、アジアの国々を植民地から解放してやる、というようなスローガンの下に、アジアの国々と手を取り合って、そこに日本を盟主とする大秩序をつくっちゃおうと。これがのちに大東亜共栄圏になるんだけど、「英米主体の平和主義を廃す。英米主体のワシントン体制から脱却すべし」と近衛さんは言っている。まったく、途方もない夢を抱いたんですね。

宮部　ほんとにアジアの国々と仲良くなれるならよかったんですけど。実情は、そういうことじゃなかった。

半藤　要するに覇権主義ですからね。

宮部　どうしてその段階を通り抜けなきゃならなかったのかな、と思うと、すごく悲しいですね。

半藤　ほんとうに。当然これ、衝突するのは、目に見えているんですよ、英米と。

宮部　私の世代だと、親御さんが満州で生まれているとか、引き揚げて来ましたという方がいます。地図を見るとね、日本とどこもつながっていない中国大陸の、ある所だけ、ぽこっと、「ここが日本の領土の満州です」というふうに言われたときに、どうして当時の人々はすっと受け入れられたのかな、と思います。なぜ、こんなに日本と関係のない場所にあるところが、ここも自分たちの国だというふうに、一般の市民も納得できたのでしょうか。

半藤　当時の世界地図には、日中戦争の占領地は、日の丸が印刷されていましたからね。

宮部　不自然に思わなかったということですね。

半藤　誰も思わなかったんですよね。日本と満州は一体だと思っていましたから。

宮部　そうか……。

半藤　「五族協和」とか「東洋平和」とかね、言っていましたが、一般の国民は本気でそう思っていたんですよ。そうそう、「八紘一宇《はっこういちう》」という言葉もあった。ところが、五族協和なんて、とんでもないのでね。日本人が勝手に言ってるだけ。海のむこうの人は誰もそう思っていないんですよ。

宮部　実際にそんなこと、今の時代だってなかなか仲良くできないから、いろいろと……。

半藤　最近も「八紘一宇」なんて言いだす政治家がいましたね。

宮部 外交も大変だし。むしろ民間レベルのほうが、経済と文化を通して盛んに交流しましょうというふうになっているぐらいで、現在にいたっても、外交上はうまくいかないことのほうが多いのに。なんだか遠大な夢を見ちゃったんですね。

半藤 うまくいくと思ったんでしょう。やはり自分たちは日露戦争に勝ったんだという思いがあったんですよ。

宮部 あ、そうか。ペリー来航で強制的に開国させられたこの国が、ほんとに短い間に、大国ロシアを相手に勝つ国にまでなったということが。

半藤 当時（帝政ロシアは）世界五大強国の一つですからね。それが、わずか四十年ほどの間に。

宮部 勝っちゃったと。やっぱりそれはなかなか、すぐには忘れられない成功体験だったんですね。

半藤 この大成功体験を軍人も持った。ほんとは、勝った戦争じゃないんですけど。

宮部 内実は。よく腑分けしてみれば。

半藤 日本海海戦だけは大勝しましたけど、あとはギリギリのギリギリで。局地戦に勝っただけで、べつにロシアという国に戦争で勝ったわけでは本当はありません。日本にはとにかく早く戦争を終わらせる必要があった。そのための講和条約締結です。兵隊にしても、戦死者が多すぎて若い兵隊がいなくなった。若いやつを全部、兵隊にするわけにいかないので。働かなきゃいけませんから。それから、弾丸もないんですよ。物資がないんです。

宮部　まだほんとに、開国してから、たった三十年とか四十年ですもんね。

半藤　ええ。もう戦争できない、これ以上、という段階で、アメリカに仲介してもらって、やっとこ、さっとこ、どうやら勝ったことにして、ポーツマス条約を結んだんですよ。それに帝政ロシアでは革命騒ぎが起きていましたしね。

宮部　それでまあ、とりあえず丸く収めてもらったという形ですよね。

半藤　やっと収めた。ところが、その条約の内容がまったく戦勝国の内容じゃない。そりゃそうでしょ。それで「話が違う」と怒った人たちが、日比谷で焼き討ち騒ぎを起こしたりして抗議しました。日本が文句なく勝ったと日本人は皆思ってました。新聞がそう書きたてていました。そうすると売れるから。それまで三等国だか四等国だかのやつが一等国に勝ったのだから、日本は一等国、我々は一等国民だと。提灯行列とか。

宮部　誇りを持っていいんだ、と。

半藤　私は子供の頃、一等国と親父に言われてね、「一等国ってそんなに立派なのか」って言ったら「お前、なに言ってるんだ、五大強国といって世界には五つの強国しかねえんだ、そのうちの一つなんだ」なんて言ってましたけどね。

宮部 一般的な生活者のレベルでも、そういう言葉が出てくる時代だったんですね。

半藤 親父はどっちかっていうと妙にリアリストのところがありましてね。そんなに大喜びする人じゃなかったんですけど、それでもやっぱり一等国と思っていましたね。

宮部 自分の国が栄えていくことは、嬉しいに決まってますものね。

半藤 そうした世界に冠たる民族という思いがあるから、アジアの国々をちゃんと靡《なび》かせて、東亜新秩序をつくって、日本はその盟主になるんだと、政府も国民の多くも思っていた。それまでの英米本位の世界秩序を、そういう形に分割すべきであるというのが、昭和十三、四年ぐらいからガンガン出て来た考え方なんです。その象徴としての近衛さんなんですよ。

宮部 そういう存在なんですね、近衛さんという方は。

半藤 だから近衛さんは、東亜新秩序というものをまず第一に掲げたわけです。国内的には、そのために「新体制運動」をおこなう。

宮部 年表に「新体制運動が始まる。昭和十五年。」

半藤 日本を何とか、世界新秩序の中の堂々たる一員として、一等国の面目を施せるだけの力をつけて、四分割の世界新秩序の一画を占めようと。アジアの盟主になろうというのは、革新官僚も革新軍人どももみんなオーケー、賛成ですよ。

宮部　当時は胸をふくらませて、そう思ってしまったわけですね。

半藤　批判する人もいましたよ。石橋湛山《たんざん》さんとか、冷静な、醒《さ》めた人たちは、そんなことできるはずないじゃないか、日本の国力をよく見ろ、と。そんなことに国力を注ぐより、もっと別のことに……。

宮部　国の中のことをね。

半藤　大国主義なんて考えないで、日本の国の中のことをしっかりと考えて、国力を養ったほうがいいんじゃないかと。ところが、そういう人はどんどん弾き出されて、いつの間にか大国主義者が天下を獲った。そして近衛さんが、新体制運動をそのまま大きくして、このさい国家総動員体制を確立するため、各政党が解散して一つになって、「大政翼賛会」というものをつくろうじゃないかと言った。

宮部　そうすると、大政翼賛会は政党ではないのだけれども、ある主義を掲げている団体だと考えていいのかなあ。

半藤　いや、そこから先が難しいのです。設立の趣旨まではみんなが一致したんですよ。つまり、大政翼賛会が目指すものは何かというと、「支那事変の世界史的意義は、空間的に見れば、東亜の統一を実現することによつて、世界の統一を可能ならしめるところにある。」

宮部　遠大過ぎる……。

半藤　「西洋の利益社会的文化に対して、東洋には古来の共同社会的文化が、その特徴を失はぬままに今日まで存してゐる。」

「我々が東洋に発見し、以つて西洋の思想を是正するに足ると見るものは、その独特なる連帯の思想であり、協同の思想であり、帰一《きいつ》と云ひ、王道といひ、その根柢には極めて実践的なる協同思想が働いてゐるのである。」

「日本の国体の根源をなす一君万民、万民輔翼《ほよく》の思想は正にその精華と云はなければならぬ。」と。

宮部　それ、本気で考えたのですか。

半藤　これは、近衛さんのブレーンであった哲学者三木清さんの『新日本の思想原理』の中の文章なんです。これが基本の思想なんだ。本気で考えたの。戦前の昭和の日本人は、なんというでかい、大理想というか、夢を見たか。

宮部　夢ですねえ。

半藤　これを考えた人はみなそうなんだよ、本当に。

宮部　連帯して栄える。

半藤　ただ、現実を外から見れば、中国大陸に百万に近い軍隊を送りこんで中国軍と戦っているのですから、侵略主義国家でしかないでしょう。

宮部　日本が一国で「そうだ、そうしよう、そうしよう」と言っても、相手のあることですからね。

半藤　大体、「五族協和」とか「八紘一宇」とか、中国はそんなこと思わない。だってそうでしょう。アジア統一を実現するための日中戦争だなんて言ったって、中国にすりゃ「何を言っている。てめえらの侵略じゃねえか」でしかないんですから。

宮部　そうですよね。

半藤　でも、こういう理想を本気で当時の日本人は考えたんですよ。まあ、損得を考える現代人からみれば、そんな協同主義なんて、信じられないでしょう。連帯より競争原理だから。そうではなくこれは西洋のぶったくり資本主義じたいがダメだと言っているわけで。

こういう運動が強く叫ばれて、国民もそれについて行って、新しい日本をつくって、そして東洋新秩序をつくって、その先頭に立って世界を新しく、平和な世界にしようと。

宮部　本当に手を取りあっていけるなら、こんな素晴らしいことはなかったかもしれません。

半藤　でも中国は、「何を言っているか、お前たちが俺たちを侵略しているんだよ、まずそれをやめてくれよ、兵を引いてくれよ」というところから始まるわけよ。まあ、ここまではいいとしようや。そこから新体制、大東亜共栄圏、大政翼賛会設立

大政翼賛会本部。レストランの東京會館（旧館）が接収された。

という流れになる。

宮部　（写真を見て）これが大政翼賛会の建物ですか。すごい建物ですね。

半藤　東京會館の旧館ビルです。元々のレストランのビルを大政翼賛会が接収して本部が置かれたんです。

宮部　東京會館だったんですか。ガーン！

半藤　東京會館のビルに、大政翼賛なんとか、旗を立てたんですよ。

宮部　全然、知りませんでした。私さんざん東京會館に出入りしていますけど、あそこに大政翼賛会があったなんて（笑）。

半藤　私の親父は、「日露戦争に勝った一等国であることは認める、けれど、中国と戦争してる最中で、そんな東亜新秩序なんて出来るはずねえじゃねえか」と言っていた。

宮部　それは極めて真っ当な感覚ですよね。まず戦争をやめないことには。

半藤　戦争は中国が降参するまでやるんだと言って、それで東亜の新秩序と言ったって、どこの国も、日本の言っていることを信用しないんじゃないの、と。

宮部　そのとおりだと思います。

半藤　そういうふうに見た人は沢山いると思いますよ。でも、そこでまた二・二六事件の余波が出て来るんですよ。

　それまで、近衛さんを御大将とする大政翼賛会をつくって、東亜新秩序の建設を目指して、我々は一つになろうじゃないかということになった。同じような沢山の党が、個々の利害でいがみ合っているときじゃないと。もはや国が一つになって、世界秩序へ走って行こうじゃないかということで大政翼賛会が出来た。そうすると次に、こういう大理想を実現するためにはどうするか、という方法論、手段が当然、課題として出て来るわけよね。

宮部　はい、はい。

半藤　そこでまた、やり方や立場についての考え方の違いが出て来るんですよ。大雑把に言いますと、革新右翼、これはナチス的（国家社会主義）な、どちらかというと一国一党主義の側。

宮部　当然、独裁体制ですね。

半藤　これが統制派と組んだんですよ。

宮部　もともと似通った考え方ではあったから。

半藤　ですから、近衛さんをとりまく革新右翼の中には武藤章、中野正剛、橋本欣五郎、白鳥敏夫、その他、一国一党主義で、とにかくガチッと統制社会をつくっていくべきだという人々がいた。これに対して、そんな国家をつくったら、我が大日本帝国の万世一系の天皇陛下は、どう思うんだという、観念右翼の一派が出て来るのです。これが純正日本主義。天皇主義と言ってもいいです。「一君万民、万民輔翼、天皇に帰一し奉る。」そういう人が沢山いるんですよ。平沼騏一郎、頭山《とうやま》満、井上日召《にっしょう》（「血盟団」を組織）、三上卓（海軍青年将校）、柳川平助（陸軍次官）、荒木貞夫（陸軍大臣）、これが皇道派の流れなんですよ。

宮部　あ、井上日召もここに入るんですか。私は、この人は何かこう、孤高のカリスマみたいに思っていました。

半藤　二・二六事件後、この皇道派は全部、軍人としては飛ばされました。しかし、大政翼賛会の中では、柳川平助とか荒木貞夫とか、生き返ってくるんです。

宮部　一つのグループとしてちゃんと残っていたんですね。

半藤　こういうのがグループをつくって、近衛さんを引っぱろうとするわけです。すると、その真ん中に入って、いや、そんな無茶苦茶な極端なことを言うな、もう少し穏やかな、国民的、みんなが一つになってやれるような組織をつくっていこうじゃないかという主張の人たちもいた。後藤隆之助、矢部貞治、松本重治、有馬頼寧、風見章というような、近衛さんをとりまくグループです。

大きくいってこの三つに分かれてしまいました。この三グループが、大政翼賛会の近衛さんを立てて、足を引っぱりだして、お互いに、やりだしちゃったんです。

宮部　中で揉めちゃったわけですね。

半藤　それでまた近衛さんがグラグラグラとしちゃって。

宮部　そういう人だったみたいですね。

半藤　「どうにもならねえ」と茫然としちゃって、あっちへついたり、こっちへついたりしているものですから。翼賛会は昭和十五（一九四〇）年の十月に出来たのですが、十六年の四月にはもう、近衛さんをとりまく、さきほどの後藤隆之助（大政翼賛会の組織局長）とか、このへんの人たちはみな総退陣よ。

宮部　出て行っちゃったんだ。

半藤　総退陣して、後に残った大政翼賛会というのは、箸にも棒にも掛からない団体になっちゃったんですよね。

宮部　なるほど。で、大政翼賛会が出来た影響力はどうだったのですか。

半藤　翼賛選挙という、大政翼賛会推薦議員（候補者）だけを当選させようという選挙をやったりしたけど、全員が大政翼賛会の会員のわけがない。日本人も馬鹿じゃないので、どんどん別なほうから立候補したりして、大政翼賛会の推薦議員（候補者）は落ちたりした。

宮部 大政翼賛会推薦の候補者でも落ちることがあったんですね。

半藤 この「東亜新秩序」は戦争が始まると「大東亜共栄圏」になるわけです。だけど、そんなに馬鹿にしちゃいけない考え方だと思うのは、今でもときどき顔を出すのです。アジアの植民地を解放してやったのは、我が日本が必死で戦ったからだ、敗けたけれども、アジアの人々のためになったのだから、と。決して俺たちのやったことは間違いじゃなかったと。こうした見方です。でも私は、当時アジアの人はほんとうはどう思っていたのかなと思いますよ。

宮部 ただ結果的に……。

半藤 結果的には独立できたんですよ。その基本にあるのはナショナリズムで、日本のお蔭ではない。でも、そうなったんです、確かに。しかし、昭和十八年に、御前会議で日本の国策として、マレー半島、スマトラ、ジャワ、これを日本の領土とすると決めているのですよ。「解放」ではなく、「領土」、つまり植民地です。

宮部 決めちゃうんですね。

半藤 フィリピンと香港は植民地にしないということにしているのです。ただし、

「これは発表はしない」、と。

宮部　公的には言わない。

半藤　公的には言わないけど、決めているんです、国策で。その事実が東京裁判に出ちゃった。そしたら、日本は大東亜共栄圏などというそんな大義名分の話じゃなくて、各地を占領して、自分たちの植民地にするつもりだったのではないかという非難になった。

宮部　意図があったじゃないかと。

半藤　だから、お前たちの侵略戦争だということになっちゃうのですが、いずれにしろ、そういうことで、大政翼賛会とはなんぞや、定義せよ、と言われると、答えはようわからん、ということになるのです。

宮部　いや、半藤さんでさえも「一言では説明できない」というものなんですね。

半藤　「共栄圏」という言い方は対米英戦争になってからの話ですが。

宮部　資料を見ると、大政翼賛会は、アジアの新体制を象徴するような、政党じゃなくて、「公事結社」と書いてありますね。結社なんですね。

半藤　近衛さんは、大政翼賛会が出来た瞬間に、大政翼賛会の綱領は、文字通り大政翼賛、臣道実践に尽きる、これ以外の綱領も宣言も不要であると、言ったんだ[2]。それを聞いて、やっぱりみんな、なにを言っているか、さっぱりわからねえじゃねえかと（笑）。

宮部 精神論ですものね。

半藤 たしかに、精神論でしかない。ですから、政党のような綱領はないし。

宮部 第二次近衛内閣のときに出来るんですよね。

半藤 もともとブレーンはそれ以前からいたんですよ。

宮部 いたんですけど、抜けちゃった。

半藤 つくるまではブレーンが一生懸命になって働いたから。このブレーンが、「国民組織にして、お互いに各党が権力争いしている時代じゃないから、一緒になって、そういうものをつくろうじゃないか」と。超党派でつくろうじゃないかと言った。その人たちが出来てからゴタゴタしてみな辞めちゃった。

宮部 やってられないや、ってね。そうしたら、あとは何にも残らないわけですよね。

半藤 何も残らない。そして誰もいなくなった（笑）。

宮部 まあ、ほんとに不思議な存在だったんですね。

半藤 建物だけは今でも残っています（笑）。

大政翼賛会をつくるまでの段階で、いいこと言うからと賛同し、各党は、社会党系の社会大衆党が解党して合体すると、民政党も政友会も解党して一緒になりました。[3]我々国民がよく知っていたのは、大政翼賛会（結成）の年にできた、「♪とんとん　とんからりと　隣組」という歌です（隣組は大政翼賛会の末端組織）。

宮部　国民服が制定されていますね、昭和十五年に。

半藤　そうそう。そういうようなことでね。

宮部　みんな同じ恰好。私があれを着ると、餃子屋さんの看板のキャラのようになるなって、戦前のドラマとか観ていると思うんですけど（笑）。

半藤　隣組ってやつが出来たおかげで、逆に我々の国民生活は大変に厳しくなっちゃった。

宮部　監視されている。

半藤　お互いに監視しましたから。私の親父が何べんもさされて……。

宮部　あ、密告されて。

半藤　家に警察が踏み込んで来て。

宮部　非常に冷静な物の見方をなさる方だったからですね。

半藤　いや、踏み込まれたのは、じつはね、オイチョカブやっていた（笑）。

宮部　それを密告された。それはしょうがないなあ（笑）。

半藤　行為そのものは悪いから、しょうがないんだけど。あの家《うち》の親父は非国民的なことばかり言っている、けしからんやつだと、もうつねづね狙われていたから。

宮部 そういうことで、密告されちゃったんですね。
半藤 三度、踏み込まれたんですよ。
宮部 二回踏み込まれても、三回目をやるという、そっちもまたすごいけど。
半藤 その中の一ぺんがオイチョカブで、俺もやっていたんだ（笑）。
宮部 あはは！　ところで、どうでしょう。これからの時代に大政翼賛会みたいなものが、もし出て来るとしたら？
半藤 どういう形で出ますか。
宮部 どんな形か、私にはうまく想像できませんが、こんなに思想的なものではないかもしれませんよね、きっと。私なんかも「これはとてもいい活動ですよ」とかって言っちゃうようなものとして、出て来るんじゃないかなあ。たとえばエネルギー問題とか環境問題みたいな形で、それを錦の御旗《みはた》にして、新しい秩序にしようと言われたら……。「それなら賛成します」って、きっと私なんかも言っちゃうかもしれません。
いや、ほんと。大政翼賛会は後から分析してみると、よく分からないものなんだけど、このときは確固としてそこに存在していたんだ、というのが恐いですね。
半藤 大政翼賛運動のほうはこういう形で分裂しちゃったから、うまくいかなかったんだけど、挙国一致体制は出来上がって、戦争のほうだけが先に行っちゃった。

宮部　運動としてはうまくいかなかったと結論づけてしまっていいんでしょうか。

半藤　いいんじゃないでしょうか。いや、運動がつくりあげたものは威力を発揮したから、やっぱり成功だったのかな（笑）。

宮部　私はこれまで、大政翼賛会が戦争の後押しをした、みたいなイメージを持っていたのですが。

半藤　たしかに、その残りものであるところの隣組とか、在郷軍人会とか、青年団とか、国防婦人会とか、その他いろいろな圧力団体、そういうのは残りましたからね。

宮部　システムの一部だけが残っちゃったんですね。意外でした。大本営みたいな存在だと思っていました。

〝四国同盟〟と太平洋戦争の不帰点

半藤　ここで三国同盟をちょっと話しますと……。

宮部　つながっていくんですね。

半藤　三国同盟も、大政翼賛会と同じ年です。やはり近衛内閣。

宮部　日独伊三国同盟、昭和十五（一九四〇）年です。

半藤　考え方は、大政翼賛会と同じなんですよ。日・独・伊、三国で同盟をするのですが、もっとも強く主張したのは、松岡洋右《まつおかようすけ》という外務大臣です。彼が近衛さんを説得して、近衛首相も、「うむ、そういう方向ならば、やろう」ということで、すっかりやる気になってこれを決めるんです。だけど、この同盟のいちばんの狙いは何か。

つまり、日本とドイツとイタリア、三国とも国際連盟から脱退している。それが集まって一緒になった。今、「枢軸《すうじく》」という言葉になっているわけです。ところがじつは、日本のほんとうの狙いは、これにソ連を入れることだった。

宮部　えーっ！　日・独・伊に、ソを入れたかった？

半藤　ソ連を入れて、日・独・伊・ソの四国で、うまくいけば軍事同盟まで結ぶ、うまくいかなくても、お互いに協調の条約だけでも結ぶ、というのがほんとうの狙いなんですよ。この狙いを言っているのが松岡なんです。近衛さんもオーケーと言った。どういうことかというと、これからの世界は、さっき言いましたとおり、ヨーロッパはドイツとイタリア、ソ連圏はソ連、アジアは日本、この三つ、それにアメリカ、この四つの秩序で、世界はバランスが取れる。だから日・独・伊・ソが結び合えば、いかにアメリカとイギリスがどうのこうの言っても、手を出して来られない、と。

宮部　そういうことか。

半藤　世界の秩序を四つに分けて、やろうじゃねえか、という同盟なんです。私はついこのあいだまで、これは松岡だけが一人で考えて近衛総理大臣を口説いて、近衛さんがオーケーして、それじゃ、となったのかと思っていましたが、『昭和天皇実録』を見たら、日・独・伊・ソの同盟案は国家決定なの。でも御前会議じゃなくて、大本営政府連絡会議という、国策を決める最高機関で決定しているんですよ。

宮部　うむむむ。

半藤　しかも松岡洋右が、昭和天皇のところへ行って、それを詳しく説明しているのです。『実録』にきちんと書いてあったんですよ。

宮部　そうなんですか。

半藤　なんだ、この案は昭和天皇に達していたのか。そうすると日独伊三国同盟というのは……このときドイツは戦争しているんですからね、ヨーロッパで。イギリスとやっているんですから。フランスも征服しています。

宮部　ユダヤ人の虐殺も始まっていますよね。

半藤　だからヨーロッパはもうドイツのものになる、と捉えられていた。イギリスなんかどうってことない。昭和天皇もそう知らされていたんですね。

宮部　ということを『実録』で知って、半藤さんでさえ驚いてしまった。

半藤　驚いた。いや、今まで気がつかなかったのかなぁと思っているんですけどね

モスクワ駅でスターリン書記長の見送りを受ける松岡洋右外相。

え。つまり、松岡外務大臣が翌十六年の二月に、同盟の確認のため、ドイツのヒトラーに会いに行きますよね。その帰り、わざわざソ連へ寄って、スターリンとモスクワ駅で抱擁し合う、有名な写真がありますけれども、じつはこの同盟について話をしに行ったわけですよ。

宮部　教科書にも載ってるような写真ですね。

半藤　太平洋戦争の、ノー・リターン・ポイント、不帰点を越えたのはどこだとよく聞かれるけど、私はいつも、「この三国同盟締結だ」と言うんです。

宮部　なるほど。

半藤　これを越えちゃったらね、アメリカが、「お前たちの国はそこで静かにしていろよ」なんて言ったって、俺たちは聞かないよ、それは。と、がぜん強く出る国になった。わが日本は。

宮部 でも、この二つは表・裏ですね。国の中では大政翼賛運動で国の中を一つにして、外に向かっては、軍事同盟で新秩序を固めようと。

半藤 そうそう。

宮部 だから同じ年に起きているんですね。

半藤 太平洋戦争のスタートというのは、ワシントン体制から脱却すべし、東亜新秩序をつくろう、と。

宮部 ここから戦争になだれ込んで行く。

半藤 なだれ込んで行かざるをえなくなっちゃったんです。

宮部 昭和十五（一九四〇）年。この年がポイント・オブ・ノーリターンだったということを、これからの時代に、私たちは覚えておかなきゃいけないですね。外交と、国の中のことと、形は違っても、同じような時期に、根っこが一つのことが起きているのだということ。外交のことだから、私たちの生活には関係ないわと思っていると、そんなことないんですね。

半藤 そうだと思います。

〔1〕ワシントン会議で締結された九カ国条約（アメリカ合衆国・イギリス・オ

ランダ・イタリア・フランス・ベルギー・ポルトガル・日本・中国）、四カ国条約（アメリカ合衆国・イギリス・フランス・日本）、ワシントン海軍軍縮条約を基礎とする、アジア・太平洋地域の国際秩序を維持する体制。

〔2〕「本運動の綱領は、大政翼賛の臣道実践ということに尽きると信ぜられるのでありまして、このことをお誓い申上げるものであります。（中略）これ以外には綱領も宣言もなしといい得るのであります。」（十月十二日＝近衛の誕生日＝午前九時二十五分から首相官邸ホールで挙行された大政翼賛会の発会式での近衛総裁の挨拶より抜粋。伊藤隆『近衛新体制』）

〔3〕昭和十五年、新体制運動によって、社会大衆党、政友会、民政党、その他、既成各政党は全て解散し、大政翼賛会に合流した。

4 東京裁判と戦後改革

昭和二十一年五月三日

歴史・地理・修身の授業禁止

半藤 これはむしろ若い宮部さんの話を聞きたいのだけど。
宮部 はい。
半藤 戦争に敗けて、ＧＨＱがいろんな改革を押しつけてきた、という見方をするから「押しつけ」になるんだけど、でも、戦後改革案はあくまでＧＨＱの「指示」として出されたわけです。指示ですから、日本政府が「これはできません」と断れば断れたのかな、とも思うのです。
宮部 例えば、農地改革など、日本人の手では……。
半藤 たぶん、できませんでしたよね。
宮部 できなかったと思いますね。これは、今までやろうとしたってできなかったのだから。農地改革は、ポツダム宣言にも出ていると言えば出ているのだけれど、まあ、アメリカの戦後日本改革案として強く出して来たから、簡単に言えば、押しつけなんですよね。

宮部 そうですね。

半藤 男女同権もそうですね。いつの間にか、男女共学になっちゃって。でもあれを、受けないところは、最近まで受けなかったんですね。

宮部 「うちはやりません」と言ったところがあるんですね。

半藤 今もって男子校と女子校と分かれている。

宮部 あ、そうか! 言われてみればそうですね。

半藤 私は残念ながら、男女共学まったく経験ない。

宮部 戦前は帝大は女の子は入れなかったですもんね。

半藤 私のときは女の人が七人いたらしいのですけど。

宮部 クラスで?

半藤 いやいや。全学で。

宮部 全学で七、八人。わあ〜ぁ〜〜!

半藤 いたらしいけど。私はそんなの知らないけどね。

宮部 見たことなかったんですか。

半藤 見たことない。どこにいたかも知らない。

宮部 確かに、い〜っぱい黒胡麻の中の、七粒の塩ですもん。会えないですよね。

半藤　なかには結婚しているやつがいましたなあ。

宮部　学生結婚。塩粒に隣り合わせた幸運な黒胡麻が、フフフ、いたんですね（笑）。

半藤　私は向島というとこに生まれたでしょ。正確には東京府下南葛飾郡吾嬬《あずま》町字大畑。これは宮部さんの生まれた深川よりも、もっと新興地なんですよ。田舎ですね。昔は田んぼだった所で、昭和になってからどんどん人間が増えて、子供も増えてきて、従来あった小学校じゃ間に合わなくなったので、新しく小学校をつくった。昭和七（一九三二）年に東京の区がいっぺんに三十五区に増え、向島区が出来たんです。それで東京市民になった。今の墨田区だけどね。宮部さんの所は何区？

宮部　私は江東区です。昔の城東区に当たるのかな。

半藤　城東区だね。それでまあ、向島区になったのだけれども、それまでは村だったわけなんです。昭和十一年に大畑小学校が出来て、生徒を集めたんだけど、人数の関係で、男組と女組の間に、もう一つ男女組というのをつくったんです。

宮部　なるほど。

半藤　どういうふうにして選んだのか知らないけど、私は男女組になっちゃった。

宮部　ウフフフ。

半藤　戦争中の男女の区別の厳しいときに、男女組なんだよ。戦争中は、服に名前を縫い付けることになったでしょ。

宮部　名札をね。
半藤　「大畑小学校五年男女組」という名札（笑）。胸に麗々しく。
宮部　うわ、それはやっぱりちょっと、子供心にも微妙ですよね。
半藤　子供心に嫌でね。「男女組」の「女」という字を、小さーく書くわけだよ（笑）。そういう思いをしているから。
宮部　でも、戦前からあるような歴史の古い男子校とかありますもんね。そもそも英米で、アイヴィー・リーグやパブリックスクールなど、別学が基本なのに、日本にばかり共学を押しつけたとしたら、ちょっと解《げ》せないですねえ。女の子も、ヴァッサー女子大とかラドクリフとかね。あちらにはしっかり分かれた名門校があるんだもの。
半藤　そうすると、男女共学は、日本が勝手に決めたのか。
宮部　どういういきさつだったのでしょうね。
半藤　そもそも、学制改革、六三三制を決めたのは、アメリカ全体の意向でなくて、ある州の教育委員会が、日本へ視察に来たときに、これをやれと言ったものだから、そういうふうにしたと、私は聞いたんですがね。ミネソタ州かな。だから、あれはアメリカ全体の指示じゃないんだと。
宮部　州の方針だった！

半藤　いずれにしろ言いたいのは、戦後の改革は全部GHQの「命令」じゃなくて「指示」だとすると、拒否ができたんじゃないか。何もかにも全部が押しつけだということではなくて、日本がむしろ自主的に選んだというのもあるんじゃないかな、と思うのです。

宮部　終戦の翌年の昭和二十一年ですね。男女平等普通選挙初実施、日本国憲法公布、六三制教育体制発表。

半藤　その昭和二十一年一月一日の新聞に出ているんですよ。天皇の「人間宣言」が。

宮部　はい、はい。出ていますね。

半藤　私はまだ中学の四年生だったから、「人間宣言」なんて見たって全然、なにもピーンとこなくてね。下町の悪ガキはもともと天皇を神様だとはぜんぜん思っていなかった。今さらなにを宣言するのかな、と。

宮部　そうだったんですか。

半藤　もちろん戦争中は軍国じいさんが沢山いるし、そんなようなこと言ったらその人にぶん殴られちゃいますから口には出さなかったけれどもね。その正月の同じ日の同じ新聞に、「GHQの指令により、歴史、地理、修身の授業を禁止すべし」とある。

宮部　歴史も地理も禁止というのは不思議ですね。歴史と地理はむしろ教えるべきですよね。それこそ、大西洋を真ん中にした地図で、日本はここですよって教えなきゃいけないのに。

半藤 私はその記事を読んだとき、えっ、これから、歴史と地理を教わらないとなると、これ、暗記物がなくなるぞと（笑）。

宮部 なるほど（笑）。そっちをまず考えたんですね。

半藤 こりゃあずいぶん楽になるなあ、と。

宮部 いつの時代も、学生の考えることは同じだなあ。

半藤 これからはこんな、くそ面白くない暗記のための授業を受けなくてすむんだ、なんてね、非常に喜んだんですよ。

宮部 後の歴史探偵の半藤さんでさえ、このときは暗記をしなくていいということが嬉しかった。

半藤 そうそう。

宮部 学校で教わるような歴史は、お好きでない？

半藤 あんまり好きじゃなかったねえ。

宮部 よかった。

半藤 戦前の先生が悪いからですよ。それで大喜びしたんだけども、とんでもない大間違いを戦後日本はやったと思っています、歴史と地理を教えないというのは。

ただ、これがもしＧＨＱの命令じゃなくて、指示だとすると……見方をかえなくてはならない。

指示だとすると、日本の政府は、なんたる情けないことをやったのか、とね。いくら敗けたりとはいえども、自分たちの国の歴史を子供たちに教えないとは。

宮部　何年ぐらいまで続いたんだろう。歴史、地理を教えないというのは。

半藤　宮部さんの時代まで、あるんじゃないの？

宮部　いや、私たちは教わりました。ただ、やっぱり現代史のところまでは授業が届きませんでしたね。大正デモクラシーあたりで「もう時間ないから、あとは教科書読んどいてー」みたいな。まさか、あんまり教えたくないということだったのかな。

半藤　いや、もしかすると、そうかもしれないと思いますよ。終戦後の教育の影響が、ひきずられていたのかもしれない。たとえば、教わってこなかったから、今は教えるべき先生が分からなかったということもある。

宮部　昭和二十一年の教育改革が、ずっと後にまで尾を引いている。

半藤　このことは私的事件かもしれないけど、昭和の10大事件に私、どうしても入れたいと思うんです。

宮部　はい、これは入れたいですね。単に時間がないから教科書のそこまで行かないんだと、私も思っていたんです。でも考えてみたら、時間を割り振ればいいだけのことですものね。最初から。

半藤 そう、段どりよくね。

宮部 私が高校生ぐらいのときかな。社会科の授業を現代史から遡及してやったらどうか、という運動がちょっとあったんです、都立高校で。遡《さかのぼ》り日本史。でもやっぱり、結局、潰れちゃいましたね。大学受験に不利になるからダメだって。

半藤 歴史を教えないことを、国民はなぜ反対しなかったのだろう。

宮部 それどころじゃなかったのかな、まだ。

半藤 考えられるのは、それを知らされたのは年の初めですからね、みんな休みになってたのよ。

宮部 元日の新聞にガーンと出てもね。元日はいろいろ忙しいから、新聞をこうやって(目を皿にして)、読まないですし。しかも、同じ紙面に、昭和天皇の「人間宣言」が出ているわけだから。

半藤 大人たちはみな天皇の「人間宣言」に、釘づけになっちゃったんだ。

宮部 今と同じ方法だ。関心をそらすということですね。

半藤 これがどうも今日の日本の「そもそも」をつくっちゃったと思うのです。

宮部 はい。

半藤　もし歴史に恥ずかしくないというなら、たとえば、東京裁判で日本が訴えたように、私たちは大東亜共栄圏というものを真剣につくるつもりで、植民地解放のために戦ったのだと言うなら、そう教えりゃいいんですよ。

宮部　教えられなくはないですよね。

半藤　今になって、たとえば、自分たちが戦って欧米の植民地は解放されたのが歴史だと、言われてもね。ちょっと話が違うのじゃねえか、それは政治的な発言で、公正に見た歴史の発言じゃないんじゃないか、と思います。

宮部　そう考えると、学校で教えられなかった近代史を、初めて国民に広く教えてくれたのは、司馬遼太郎さんかもしれませんね。

半藤　結果的には、司馬さんなのでしょうね。

東京裁判（極東国際軍事裁判）

宮部　東京裁判（昭和二十一年五月開廷）について初めて知ったのはテレビドラマからなんです。小学校高学年のとき。そのときドラマの中で弁護されていた日本の戦犯が誰だったか、ちょっと憶えていないんです。広田弘毅《ひろたこうき》さんだったんじゃないかと思うんですけど。

半藤　どんな内容でした？

宮部 二人の弁護人がついて、何とかして彼の死刑判決を回避させようと必死に頑張るんだけど、最後、死刑になってしまうというストーリーです。その頃は一家にテレビ一台ですから、家族で見ていました。「これ、なあに?」「東京裁判だよ」って。東京裁判を初めて知ったのはこのテレビドラマからでした。それから、小林正樹監督の『東京裁判』(昭和五十八年)という有名な映画がありますが、そちらはけっこう大人になってから観たんです。

半藤 広田弘毅の映画はほかにもありましたね。

宮部 ほんとに感動的なドラマだったんです。東京裁判についてはそのドラマと、BC級戦犯については、橋本忍さんの脚本と監督の『私は貝になりたい』ですね。NHKで放送されたのを観たのです。

半藤 私も戦後にBC級戦犯の裁判のことを初めて知ったときは、ショックというか、驚いたね、やっぱり。東京裁判とは数で比較にならない、何百人という人が、アジアの各地で裁かれて、現地で死刑になったのだから。

宮部 『アンボンで何が裁かれたか』(原題 *"Blood Oath/Prisoners of the Sun"*)という一九九〇年製作のオーストラリア映画、あれも十五年ぐらい前に観たんですけど。

半藤 『私は貝になりたい』はフランキー堺主演でしたね。

宮部 戦地では一兵卒だった、理髪店のおやじさんの役です。

東京裁判の被告席の東条英機（手前）とその後方の大川周明。

——東京裁判は、つい最近もTVで放映されていましたね。被告人席の東条英機の頭を殴る人がいるじゃないですか。

半藤　大川周明《おおかわしゅうめい》が東条の頭をね。

宮部　後ろからぽこっと。

半藤　あれはまた、ちょうどカメラが東条を撮っているときだったんだから。

宮部　映像記録として残った。

——あのとき大川周明さんは完全に精神に変調をきたしていたのですか。

半藤　ということになっていますけど、芝居だという説もあるんですよ。

宮部　芝居？　何のためにですか。

半藤　あんなところに座っていられないからでしょう。それからすぐ法廷から追い出されて、被告から外され、精神科病院に入れられちゃって、あの人は病院で何をやったかというと、コーランを全訳したというんだよ。

宮部 もともと、その分野の学者さんですよね。

半藤 コーランを全訳できるような頭の持ち主が、なぜそんなふうになってしまったのか。

宮部 一時的にちょっと度を失って、思わず人を殴ってしまうということもありますから。そのあと安静にして平常に戻ってコーランを訳したのかもしれない。でも、あのシーンは何回見ても異様ですよね。

半藤 異様な状況ですよ。

宮部 東条英機が照れくさそうな反応をするでしょ。ちょっと苦笑いしているようなね。

半藤 東条英機だって、後ろにいるのがまさかやると思わなかったろうからね。

宮部 なにするんだ、という雰囲気ではない。危険な叩き方ではないし、物で殴ったりしているわけじゃないので。

半藤 掌《てのひら》で、ぺたん、ぺたん、っていう感じじゃなかった?

宮部 だからちょっと、なんなのかなと……。

半藤 「インデアンス・コンメン・ジー」(ドイツ語)と言ったというんだろ?(笑)

宮部 どういう意味ですか。

半藤　インディアン、来い、来い、というんじゃないの？（「印度人、こっちへ来い」）

宮部　やっぱりちょっと変だなー。

半藤　私ものちになって映像を見ましたけど、東京裁判のとき、あんなことやったって知らなかったね。

宮部　当時リアルタイムには。

半藤　ただ、開廷してすぐに大川周明が外されて病院行きだというのは分かりましたけどね。

宮部　当時この裁判について、若い社会人や学生さんとか、高い関心を持っていたのでしょうか。

半藤　持っていましたね。判決のあった昭和二十三（一九四八）年に私はちょうど旧制高等学校の一年生なんです。

宮部　多感な頃ですね。

半藤　私の同級生に、白鳥（敏夫）被告の倅《せがれ》がいたんですよ。仲のいい友達でね。彼が「半藤、お前、東京裁判見たいか」と。白鳥の息子だと知っていましたけどね。「そんな簡単に見られねえんじゃねえか」と言ったら、「俺は実は家族（傍聴）券を持っているから、行くか」というので、一ぺんだけ行ったんです。

宮部　それはまたすごい体験だ！

半藤　ところが、いちばんつまらないときに行ったみたいで、延々と一人の男が喋っているだけなんだ。弁護士が。

宮部　アメリカ人ですか。

半藤　ファーネス（重光葵《まもる》の弁護人）じゃない弁護人が、ただ英語で喋っているだけで、それをイヤホンつけて聞くんだけどね、A級戦犯のおじいさんたちは……。おじいさんたちと言いますけど、たいしたおじいさんじゃないんですが。

宮部　当時はね。

半藤　齢で言いますとね。俺みたいな八十いくつなんていませんから。でもものすごいおじいさんに見えましたよ。上から見たんですけど、みんな居眠りしていた。A級戦犯の人が。このときほどガッカリしたことはありませんでしたね。なんだ、俺たちはこんなじいさんたちに支配されていたのかって。情けなくなりました、ほんとに。

――何でそんなふうにしていたのかな。

半藤　聞いてたってしょうがないじゃないのよ。ほとんど寝てたんじゃないかなと思う。もうだいぶ進んできて、裁判も終わりの頃だったんですけど。昭和二十三年春というのは。

宮部　もう趨勢《すうせい》も見えてきていたし。ある種、その状況に慣れちゃって、座って静かにしていると、まあね、寝てしまうこともあったのだろうし、寝ているように目をつぶっているしかないということでもあったのかもしれません。

半藤　延々とやっているだけだからね。春の終わり頃ですよ、私が行ったのは。間もなく検事の論告があって、それで休廷になって、判決が出るわけです。その頃だから、ほとんどみんな大勢が分かっていたんでしょう。上から見ると寝ているようにしか見えなかったけど。

宮部　ちゃんと家族の人は傍聴できるように、はからってくれたんですね。

半藤　有名な話では、広田さんのお嬢さんの三人が、毎回、傍聴に行ったんでしょう？

宮部　欠かさず行ったという。

半藤　いよいよ広田弘毅さんが死刑の宣告を受けたとき、お嬢さんのほうを見てそれとなくお別れをした、というのが広く知られました。

宮部　『蒲生邸事件』を書いている頃だから一九九四年かな、テレビ東京の「なんでも鑑定団」という番組に、東京裁判の一般傍聴券が出たことがあるんですよ。出品者のおうちの人が、傍聴に行きたいと思って傍聴券を手に入れたけど、行かずにそのまま持っていた。

半藤　なかなか手に入らなかったですからね。傍聴に行っちゃえば、取られちゃいますし。

宮部　よくとっておいてくれたなあ、というものですね。おかげでTVに映って、その映像が残りました。

半藤　裁判も最初のときは罪状が五十も挙がっていました。というのも東京裁判はドイツでのニュルンベルク裁判に合わせた罪状ですから、ドイツ軍のように最初は共謀罪も入っていたのです。しかし裁判をしているうちに、日本の場合は、そんな国家が共謀してナチス・ドイツみたいに、国も軍も一緒になって戦争をしたんじゃなくて、内閣はやたらに代わるし、みんなばらばらだったということがはっきりしてきた。そのためどんどん罪状が減っちゃったんですよ。

宮部　減らさざるをえなかったんですね。

半藤　最後は、罪状が十しか残らなかったのです。最初は全部合わせると五十九あった。そのうち、一から三十六までは「平和に対する罪」というもの〔1〕。ところが、どう調べても共同謀議なんかない。最後の頃は、連合国側の言う、南京大虐殺とか、シンガポール虐殺とか、『戦場にかける橋』のモデルになったクウェー川鉄橋の事件とか、BC級戦犯と同じように、被害を被った国がそれぞれ、どうしてもそこから一人、A級戦犯を出す、という形になってしまったんです。最終的に有罪判決を受けた二十五人の中で、死刑判決を受けた七人のうち、東条英機と広田弘毅を除いて、あとの五人は早くいえば全員虐殺の責任者だとされました。

宮部　個別に各地域でね。

半藤　例えば、武藤章はフィリピン、松井石根《まついいわね》は南京、木村兵太郎《きむらへいたろう》はビルマ、板垣征四郎はシンガポール、マレー半島、土肥原賢二《どいはらけんじ》は満州。当初にリストアップされた「平和に対する罪」はもうなくなってしまい、全部「人道に対する罪」。

判決は、微妙なところで絞首刑になるかどうかが決まったのですよ。全部の項目が有罪という判決での絞首刑は一人もいないんじゃないかな。松井さんがいちばん多い。

最後の頃は、誰が見ても「なんだ、この裁判は」ということになったと思います。そう思われても、しょうがないと思いますよ。実際問題としてドイツのような共同謀議なんてのはないいんですから。たとえば真珠湾攻撃も闇討ちだから犯罪だと言っていたのですが、だんだん裁判をやってゆくうちに……。

宮部　タイプのミスだとか、翻訳がどうのとか、それで遅れちゃったとか、いろいろ出てきましたものね。

半藤　そのうちに「アメリカは全部、外交暗号を解読していて知っていた」というんでしょ？　結局、真珠湾なんかも議題から消えちゃうんですよね。

それもあって、裁判をやっているうちに、判事と検事も弁護人も、お互いにみんなくたびれてきちゃったんじゃないかな。

――ナチス・ドイツの共同謀議というのは、どういうことだったのですか。

半藤 戦争を計画的に全部、同じ人間がやったということでしょ。戦争が始まってから終わるまで、ヒトラーは総統であった。日本の総理大臣、何人代わったと思う？　外務大臣も何人代わったか。リッベントロップは外務大臣をずっとやっていたじゃないですか。そういう見方でみれば、ドイツは完全に、ずっと同じメンバーの少数のグループが謀議して、一貫してお互いに意志の統一があった。

宮部 謀議の主体がはっきりしていた。

半藤 統一してこの戦争を遂行していったということがはっきりしているんだけど、日本はそういう見方で見ようとしたら、なんだかよく分からなくなっちゃった。アメリカ人の検事のほうが分からなくなったんですよね、だんだん。あ、この国は責任を追及すべき責任者がよく分からない、と。

宮部 今でも我が国にはそういうところがありますよね。突き詰めていくと責任者がいなくなっちゃうという。

半藤 またしても、そして誰もいなくなった、ということになる（笑）。

宮部 もちろん国政の責任者、決定権を持っているのは首相なんですけど、この頃から何となく日本ってよく分からない国だなあって外国に思われて、それが今もずっと続いているような気がしますね（笑）。

――よく言われる、インドの判事が日本人被告の無罪を主張したという……。

半藤　それは要するに、国際法的に見れば「平和に対する罪」とか「人道に対する罪」というのはもともとはないのだと。取ってつけたような罪状、事後法であるから、この罪状で戦勝国が一方的に裁判をすることは許されないのだ、というのがインドのパール判事[2]の言ったことであって、だからといって日本の指導者たちはまったく罪がないと言っているわけじゃないのよ。

宮部　この裁判を存立させている概念に私は賛成できない、この裁判は間違っていますよ、と言ったわけですよね。

半藤　それだけの話であって、無罪と言っているわけじゃないんです。

宮部　むしろ法律学者さん的な発言ですよね。最近ちょっとまた、誤解した見方が流布しているみたい。

半藤　妙にパール判事のことを担ぐ人がね。そんなことはないんですよ。日本が国家として東南アジア諸国にやったこと、中国にやったことなどは国際法違反であること、それは間違いないんですよね。

宮部　有罪か無罪かの議論ではなく、それ以前の問題として、戦勝国だけで軍事裁判を開くというやり方は、国際法の精神に則って間違っている、だからこの裁判は成立しません、というようなことを言ったのだと解釈していました、私は。

半藤　それで合っていると思います。

パール判事が言うように、「人道に対する罪」と「平和に対する罪」などというのは、ありえないのだと。国際法的にも。

宮部　ただの印象論になりますが、私は小説家なので、「平和に対する罪」とか「人道に対する罪」という言葉とか考え方というのは、法律的ではなく、文学的な匂いがするなと思いますね。

文学的なものを基準にして裁判で人を裁こうとすると、文学って心情、こころのものだから、おっかないなという気がするんですよ。

罪刑法定主義《ざいけいほうていしゅぎ》というのでしょうか、あらかじめ「こういうことをやったらこれだけの罪ですよ」と規定された法律があって、そのうえで「あなたはこういうことをしたから裁き、量刑を科します」というのじゃなくて、文学的なもので判断されてしまったら、心情とか、その場の空気とか、とくに日本人って空気に弱いし、もしそういうものが司法の場に持ち込まれたら恐いなと思うんですよ。

それでもたしかに、人道に対する罪は許しがたいという気持ちは、非常に文学的であるがゆえに、私たちの心に、すごく腑に落ちるんですよね。平和に対する罪は許しがたい、と。

半藤　それはそうですね。

宮部　「人道に対する罪」「平和に対する罪」を否定することはできない。そういう罪があることもわかる。でも、それだけを唯一の依《よ》りどころにして実際に裁判が機能したら恐い。すごく裏腹な感情を私は、うまく言えないんですけど、東京裁判に関しては持ってしまうんです。

半藤　たしかに、文学的かもしれないね。昭和天皇は記者会見で、私は文学的なことは全然わからないと言った[3]。

宮部　あ、そうおっしゃった？

半藤　その言葉には当時ずいぶん批判もあったのだけど、天皇は本心でそう言ったのではないですか。戦争責任の中に人道など文学的観点を持ち込まれても困ると思ったのでしょう。

宮部　いや、本当に難しいと思うんです。とにかくここは裁かなきゃいけなかったのだというのも分かるし。東京裁判にしろニュルンベルク裁判にしろ、たくさんの映画とか小説など、作品の題材になっていますよね。やっぱり「文学する者」の心に触れる出来事、事件だったのかなと思うのです。

半藤　やっぱり文学なんですね。東京裁判は文学的な処置でしょうか。私なんかよく「一言でいうと東京裁判とは何ですか」と問われるんですが、「一言でなんかいえない」、といっても食い下がってきかない人がいる。仕方がないので、あえて一言でいえば「復讐裁判」ですと答えることがあるんですよ。考えてみると、復讐というのは文学の絶好のテーマですね。

宮部 文学的題材。もちろん、A級にしろBC級にしろ、沢山の悲劇がそこにあったし。これからも多分、題材にされ続けて、記憶に残っていくものなのだと思うんですよね。

たとえばの話、今、イスラム国（IS）が現れて、自由主義社会に対抗しようとしていますよね。これは国家ではなく武装集団ですけど、もし自由主義社会が結束してイスラム国を倒した暁に、これは戦争犯罪だから「人道に対する罪」である、イスラム国を国際司法裁判所で裁くということがありえるのか？　と考えちゃいます。

半藤 これはなかなか問題ですよね。

宮部 やるとすればハーグの国際裁判所でしょうか。

半藤 国際裁判所でやれば、ブッシュ大統領のイラク侵攻は「人道に対する罪」かもしれませんよ。

宮部 結果的に当初の目的と違っていたのですよね。

半藤 大量破壊兵器も何もないのに、侵攻しちゃったんだから。

宮部　アル・カイーダとの関係もはっきりしなかったし。

半藤　あの戦争のためにイラクの民衆がどのぐらい死んだかということを問うとしたら、人道に対する罪ですよ。平和に対する罪でもあるかもしれません。

宮部　そういう意味では、東京裁判の妥当性の問題は、現代まで生きている問題ですね。

A級・B級・C級

半藤　A級、B級、C級とよく言うでしょう。A級は、侵略戦争を計画し、あるいは指導した者、並びに戦争を防止しなかったという罪です。ところが、さっき話したとおり、日本は最初から侵略戦争を国として計画したわけじゃない。もちろん軍部に指導した人はいますが、何人も。

宮部　その都度、その都度、ね。

半藤　「準A級」というのもいるんですよ。

宮部　準A級？

半藤　東京裁判は昭和二十三年十一月に判決が出るのですが、二十四年二月に、本当は準A級判決もやるはずだったんです。ところが、時間と費用がかかるし、これ以上はもうやらないと、連合国政府の中で相談したんですよ。

宮部 ぎりぎりね。

半藤 その準A級該当予想者（十九名）は、当時の政治家や、右翼の大物です。この人たちは逆に、後に準A級であったことが大物であることを証明する勲章のようになりましたが。おかしな話です。とにかく東京裁判は時間もカネもかかりすぎて、みんなくたびれちゃった。もうやる気がなくなった。連合国側も。

宮部 結局、連合国が裁判をやったといっても、主導していたのはアメリカですよね。下山事件（昭和二十四年）とかも出てきますが、そのアメリカの占領政策の右旋回が昭和二十四年には始まるのですが、その前の段階で、いつまでも日本でこんなことしていられないと。

半藤 やっていられなかった。そうこうして、この人たちは後のなんやかやの理由で準A級であったことがいわば勲章になっちゃったんですよね。妙なものですよ。

宮部 運命の皮肉だ。

半藤 B級は、国際条約、あるいは慣行に違反し、俘虜または住民を虐殺、または虐待した事件の直接または間接の責任者たりしたため戦犯になった者。簡単に言うと、直接の下手人ではないけれど、命令したり、黙って見逃したり。

宮部 監督不行き届きですね。

半藤 止めようとしなかったという怠慢をやった人たちはB級というんです。C級は直接に手をかけた人たち。
宮部 現場でね。
半藤 一緒にしちゃってBC級と言っているけれど、正確に言うと、命令者と直接の実行者は別々のはずだったんですよね。ところが、これも複雑になるのを避けて一緒にしちゃったんじゃないですか。
宮部 だんだん一緒くたになっちゃったんですね。
半藤 ごっちゃにしちゃった。結果的には、A級の七人が死刑になった理由は、BC級と同じなんです。
宮部 最初に五十幾つも挙げた訴因の中の、大きなテーマだった「平和に対する罪」が、どうも成り立たなくなったと。
半藤 そして「人道に対する罪」は残ったわけです。「虐殺」は残った。
宮部 半藤さんのお友達の、家族券をくれた白鳥さんの息子さんは、内心はすごく複雑というか、辛かったでしょうね。
半藤 まあ、辛かった。でも、被告本人は病気でその場にいなかった。裁判をやっている間に二人、亡くなっていますかね。
宮部 でも実際、昭和二十一年当時に、もし日本人だけで、戦争責任について人を裁けたかというと、どうでしょう。

半藤　今、いわゆる東京裁判史観というのがあって、連合国側は日本人にものすごく酷《ひど》いことをしたみたいに言う人がいるけど、もし日本人が日本人の戦争指導者の裁判をしたら、多分、死刑七人じゃすまなかったと思います。

宮部　もっと大勢、怨嗟《えんさ》の的《まと》になった人たちがいたということですか。

半藤　そう思いますね。具体的に言うと東京裁判では、戦争を指導した人たち、軍令関係、たとえば参謀本部とか軍令部とか、そういう戦争遂行のため指導した連中は一人も死刑になっていない。全部セーフです。日本人が裁いたら、それではすまなかったと思います。たとえば特攻作戦を計画し、作戦をつくり、命令して沢山の若者を死に赴《おもむ》かせて、本人は口をぬぐっている人たちを許せますか。ただ、だからといって、もし日本人が裁いたとしたら、きっと、ものすごい怨みが、現在までも残っていたでしょう。

宮部　カンボジアのクメール・ルージュ（カンボジア共産党ポル・ポト派）の大虐殺について、やっと二十一世紀になってハーグの国際司法裁判所の人たちが入って、現地で裁判をやっていますよね。

半藤　ええ、やっていますね。

宮部　やっぱり、すぐにはできなかった。今となって、時間が経って、気持ちもだんだん整理がついてきているんだけど。ただ一方で関係者の記憶が薄れていたり、亡くなっている人がいたり。すぐにやるほうが、記憶が新しいからいいんだけど。ルワンダもハーグの人たちが入って現地でやっているんですよね。大虐殺をどうやって司法で裁くかというのは、今でも答えが出ない。

半藤　恐らく永久に出ないでしょうね。

宮部　きっちり裁こうとしても、証人が出て来てくれない。下手すると、クメール・ルージュの場合なんか同じ地域社会の人たちなので、怨みがやっぱり残る。

半藤　残ります。それこそ永遠の怨みです。

宮部　クメール・ルージュが敗れた後、復興したカンボジアの社会で、虐殺した側と、された側の次の世代は、たとえばの話、もし結婚していたりすると、寝た子を起こさないでくれ、ということになるかもしれない。同じように、日本が当時、自前で軍事裁判をやっていたら、きっとすごい怨みと悲しみが、半藤さんがおっしゃるように……。

半藤　これは永遠に残ったと思いますね。

宮部　さりとて、すぐ出来ないなら、少し復興してきて、十五年ぐらい経ってからやりましょう、私が生まれた昭和三十五年頃にやりましょう、なんていったら、今度はもう人情と地縁で身動きが取れなくなっていたでしょうね。

半藤　十年も経ってやったら全然、どうしようもなくなっちゃいますよ。

宮部　どっちにしても、このとき自前ではできなかった。

半藤　じつは、あのとき日本の政府は日本人で裁判をやろうとして、戦犯の名簿までつくったんです。ところが、昭和天皇はこれを許さなかったんです。昨日まで一緒にいた人たちを、自分たちで裁けるか、といって、やめさせたんですよね。

宮部　それはとても大きな判断ですね。

半藤　その名簿は残っています。

宮部　東京裁判の被告の人数じゃ収まらない数の名前が、そこには挙がっていたわけですね。

半藤　しかし今でも、A級戦犯の人たちの中には、どうして自分がA級になったのか、と言う人がいます。広田弘毅さんなんかもそうだったかもしれません。

宮部　文官を代表して、一人で責任を背負いこまされたような感じがありますね。

半藤　本来は近衛さんだったのでしょう。近衛さんが自決して亡くなったから、言わば代理だったのです。

宮部　でも、裁判であれ、出来事の責任を一国の為政者とか、ある立場にあった人、ある組織の人や部門に向かって問うとき、まったく誰からも異論の出ない問い方はできませんよね。

半藤　できませんね。とくに日本人の場合は。

宮部　やっぱり誰かに代表してもらうなり、集約させるなりしなくちゃならない。だから、永遠に問い続けられていいと思うのです。そのときの被告はこのメンバーでよかったのかって、ずっと問い続けることが、やっぱり戦後日本の歴史を忘れずに再検証していくことにつながるんじゃないかな。そう私たちの世代は思うんです。

半藤　たしかに、そうですね。責任をはっきりさせることは後の世のためには必要なことなんですが、日本人はようやりませんな。

宮部　もう昔のことだからいいじゃんって言わないで、これからだって、極東軍事裁判を素材にした映画が出来て欲しいし、私たち小説家だって題材にするべきだし、問い直していけばいいのだと思うのです。この人は濡《ぬ》れ衣《ぎぬ》だったとか、この人がメンバーから落ちていたとか、当時の人たちがこの裁判をどう見ていたかということも、やっぱりずっと話題にしていかなきゃいけないのだと思うんですよね。はっきりした結論なんか出なくてもいいと思うんです、どれが正しかったか、間違っていたか、って。

半藤　それが語り継ぐということなのでしょうね。

宮部　みんなが巻き込まれたんだし、戦争はみんながやっぱり、なんらかのかたちで関わったのだと思いますし。

半藤　だから、この問題は、戦後七十年……私たち国民は、いつの間にか「責任なし」になっちゃったんですよ。もちろん宮部さんとか若い人たちは、そんな責任を負う必要ないですけど。

宮部 まあ、次の世代ではありますけれどね。

半藤 でも、私たち歳の上の人たちは、やっぱり責任があるんじゃないかと思うんですが、責任がなくなっちゃったんですね。戦後史の私たちの考え方の中に、当時の軍閥や政治家、官僚の悪い奴らがやったことであって、国民は責任ないんだということに、いつの間にか大体なってしまっている。しかし、実際問題として、歴史の大きな流れを見ると、戦争を起こすまでの日本国民の、戦争にたいする熱狂はものすごかったですから。

宮部 半藤さんからよく伺った言葉で、すごく印象的だし、ずっと憶えておきたいなと思ったのは、「どんなものであれ熱狂に巻き込まれてはいけない」、と。

半藤 そうなんです。

宮部 あることに対して、国民的な熱狂、人がこぞって熱狂する場合は、決していい結果を招かない。やっぱり戦争に傾斜していく間も、ものすごい熱狂に包まれていた。

半藤 ところが、国民全体がごく自然に無責任になっていって、「戦争は一握りの人たちがやったことだ」というような考え方が東京裁判によって定着しちゃったんだよね。

たとえば、終戦後中国は、日本人が戦時中にやったことは、日本の一般国民に責任はないのだと。一部の軍国主義・帝国主義の連中がやったことであって、日本国民には罪がないのだから許す、ということになった。蔣介石《しょうかいせき》が言ったんですよ。ところが、そうじゃないんだと中国側は言い出すかもしれないですよ、これからはね。

戦後日本人が抱いてきた気持ちというのは、東京裁判で責任論はすべてすんで、我々一般国民は戦争に対する責任はないのだ、という結論ですまそうとしていることです。

宮部　まだもやもやしていますよね。

半藤　心の底を割ってみれば、まだまだもやもやしているでしょう。

宮部　私たちの世代でも、歴史的に申し訳ないことしたんだよなって、もやもやがあるし。でも、それをいつまでも引っぱって行っても建設的じゃないのかな、とも思うし、建設的じゃないからって引っ込めてしまうのもいけないかなって、さらにもやもやするというね。

半藤　このもやもやの感じがイヤなものだから、みなシーンとしちゃっていますけれども、逆に、むきになって表に出す嫌韓、嫌中思想とか、ものすごいでしょう、今。

宮部　本屋さんへ行っても、びっくりするぐらいそういう本が出ていますね。ヘイトスピーチもね。

半藤　東京裁判っていうのは、当時の私たち日本人はたしかにみんな黙って見つめていただけでした。そうして責任はないということを、自分で自分を納得させたんじゃないですか。

宮部　一つの節目、区切りというものを、占領下で、勝利者である連合国による裁判だけど、日本人は与えてもらったというかたちだったんですね。

半藤　それがいいか悪いかという問題は、別にあるんだけどね。

宮部　やっぱりこれは昭和の大きな事件です。

〔1〕A級戦犯はロンドン協定により開設された極東国際軍事裁判所条例の第五条（イ）項の定義により決定された。

「極東国際軍事裁判所条例第五条／人並ニ犯罪ニ関スル管轄　本裁判所ハ、平和ニ対スル罪ヲ包含セル犯罪ニ付個人トシテ又ハ団体員トシテ訴追セラレタル極東戦争犯罪人ヲ審理シ処罰スルノ権限ヲ有ス

（イ）平和ニ対スル罪

即チ、宣戦ヲ布告セル又ハ布告セザル侵略戦争、若ハ国際法、条約、協定又ハ誓約ニ違反セル戦争ノ計画、準備、開始、又ハ遂行、若ハ右諸行為ノ何レカヲ達成

スル為メノ共通ノ計画又ハ共同謀議ヘノ参加。

（ロ）通例ノ戦争犯罪

即チ、戦争ノ法規又ハ慣例ノ違反。

（ハ）人道ニ対スル罪

即チ、戦前又ハ戦時中為サレタル殺人、殲滅、奴隷的虐使、追放、其ノ他ノ非人道的行為、若ハ犯行地ノ国内法違反タルト否トヲ問ハズ、本裁判所ノ管轄ニ属スル犯罪ノ遂行トシテ又ハ之ニ関連シテ為サレタル政治的又ハ人種的理由ニ基ク迫害行為。

上記犯罪ノ何レカヲ犯サントスル共通ノ計画又ハ共同謀議ノ立案又ハ実行ニ参加セル指導者、組織者、教唆者及ビ共犯者ハ、斯カル計画ノ遂行上為サレタル一切ノ行為ニ付、其ノ何人ニ依リテ為サレタルトヲ問ハズ、責任ヲ有ス」

＊東京裁判およびニュルンベルク裁判で有罪判決を受けた者を「戦争犯罪人」〝戦犯〟と呼ぶ。判決により「A項目戦犯」「B項目戦犯」「C項目戦犯」に分類され、この分類は罪の軽重を示す意味を含まなかったが、実際には「A項目戦犯」が最も罪が重いと考えられ、結果刑も重いものが適用された。

A項目（A級戦犯）「平和に対する罪」——平和に対する罪即ち、宣戦を布告せる又は布告せざる侵略戦争、若しくは国際法、条約、協定又は誓約に違反せる戦争の計画、準備、開始、又は遂行、若しくは右諸行為の何れかを達成する為の共通の計画又は共同謀議への参加。

B項目（B級戦犯）「通例の戦争犯罪」――戦時国際法における交戦法規違反行為。

C項目（C級戦犯）「人道に対する罪」――国家もしくは集団によって一般の国民に対してなされた殺人、殲滅、奴隷化、追放その他の非人道的行為。

但し、この法概念に関しては当時も賛否の意見が分かれていた。ちなみに、日本の戦争犯罪とされるものに対しては適用されなかった。

〔2〕ラダ・ビノード・パール（一八八六～一九六七）。インドの法学者、裁判官、カルカッタ大学教授、国際連合国際法委員長を歴任。極東国際軍事裁判（東京裁判）の判事。

〔3〕「そういう言葉のアヤについては、私はそういう文学方面はあまり研究もしてないので、よくわかりませんから、そういう問題についてはお答えができかねます。」（一九七五年十月三十一日、昭和天皇が日本記者クラブ代表との会見で、予め提出されなかった質問が二つ出され、その一つ「陛下は、いわゆる戦争責任について、どのようにお考えになっておられますか」に対するお答え）

5 憲法第九条

昭和二十一年十一月三日

「押しつけ」ではない

宮部　憲法改正論議も、悩みの多い問題ですね。平和憲法は素晴らしいと思うけど、このまま守っていけるかどうか不安だし。現にいま改正の声が出ていますね。
　私は、憲法の言葉は、いい言葉だと思うんです。素晴らしいと思います。

――日本語の文章としてどうかと言う人もいますが、井上ひさしさんなどは非常にすぐれた文章だというのですが。

宮部　私もいい文章だと思います。ただ、すごく卑近なことを言いますが、これから先、国家間の戦争ではなくて、たとえば、また引き合いに出しますが、イスラム国みたいな武装集団に相対しなくちゃならないような事態が起きたときにも、この美しい文章で綴られている理念をちゃんと守って、変に解釈だけ変えて骨抜きにしちゃうのではなしに、きちんと守ったうえで、国を守ることもできるのかなって思うと、心配になってきちゃうんですよ。もうSF的に想像力をふくらませちゃって、この国の一部分がもしもイスラム国の支配下に置かれちゃったら、対処できるんだろうかと。だって、女性はみんな、なんの自由もなくなっちゃうんですよ。

半藤 女性にはほんとうにひどい差別じゃないの、あれ。

宮部 あの集団は、女性を人間と認めていませんから。

半藤 イスラム国が世界を制覇しちゃったら、そりゃとんでもない世界になっちゃうよ。しかし、あり得ません。

宮部 私はすごく怖がりだと言われるんですけど、でも、イスラム国はほんとに怖い。あんなのがアジアに出て来たらどうしたらいいんだろう。

半藤 いやいや。アジアには関係組織がずいぶんあるんですよ。インドネシアなどからも参加しています。

一方、元々中国の西域の新疆《しんきょう》ウイグル自治区などにはイスラム教徒が多くいます。もしこの人たちが中国の圧制に耐えられなくなって大規模に決起でもしたら、中国は大変ですよ。いや、地球が大変です。決してない話ではないと思いますよ。

宮部 わあ……。

半藤 ただ、アジアというのは、ヨーロッパと違うんですよ、やっぱり。

宮部 もうちょっと混沌としてて、いろんなものが混ざり合っているんですかね。

半藤 と思いますよ。二十一世紀になって戦争というものの形態も性質もまったく変わりました。そのことについて語ると長くなりますが、それはそれとして、憲法九条について一つだけ言っておくと、「アメリカの押しつけた憲法」とか言われますけど、じつはそうじゃないんですよ。戦前、昭和三（一九二八）年に日本は世界と「不戦条約」（ケロッグ・ブリアン条約）というものを結びました。読みますと、「締約国は国際紛争解決のため戦争に訴えることを非とし、且《か》つその相互関係に於《お》いて国家の政策の手段としての戦争を放棄することを、その各自の人民の名に於て厳粛に宣言する。」（原文　第一條　締約國ハ國際紛爭解決ノ爲戰爭ニ訴フルコトヲ非トシ且其ノ相互關係ニ於テ國家ノ政策ノ手段トシテノ戰爭ヲ抛棄スルコトヲ其ノ各自ノ人民ノ名ニ於テ嚴肅ニ宣言ス。）

宮部　まさに「不戦」だ。

半藤　「その各自の人民の名に於て」という文面については、日本は天皇がいるのだから違うといって揉めたけれど、結果的に条件付きで日本も参加しているんですよ。十五カ国が参加しています。アメリカをはじめ大国は全部、参加しています。

宮部　昭和三年にね。

半藤　これと、大正十一（一九二二）年に中国の門戸開放と機会均等をめぐって結んだ九カ国条約に違反をしたというのが、東京裁判なんです。

宮部　なるほど。ここでつながるんだ。

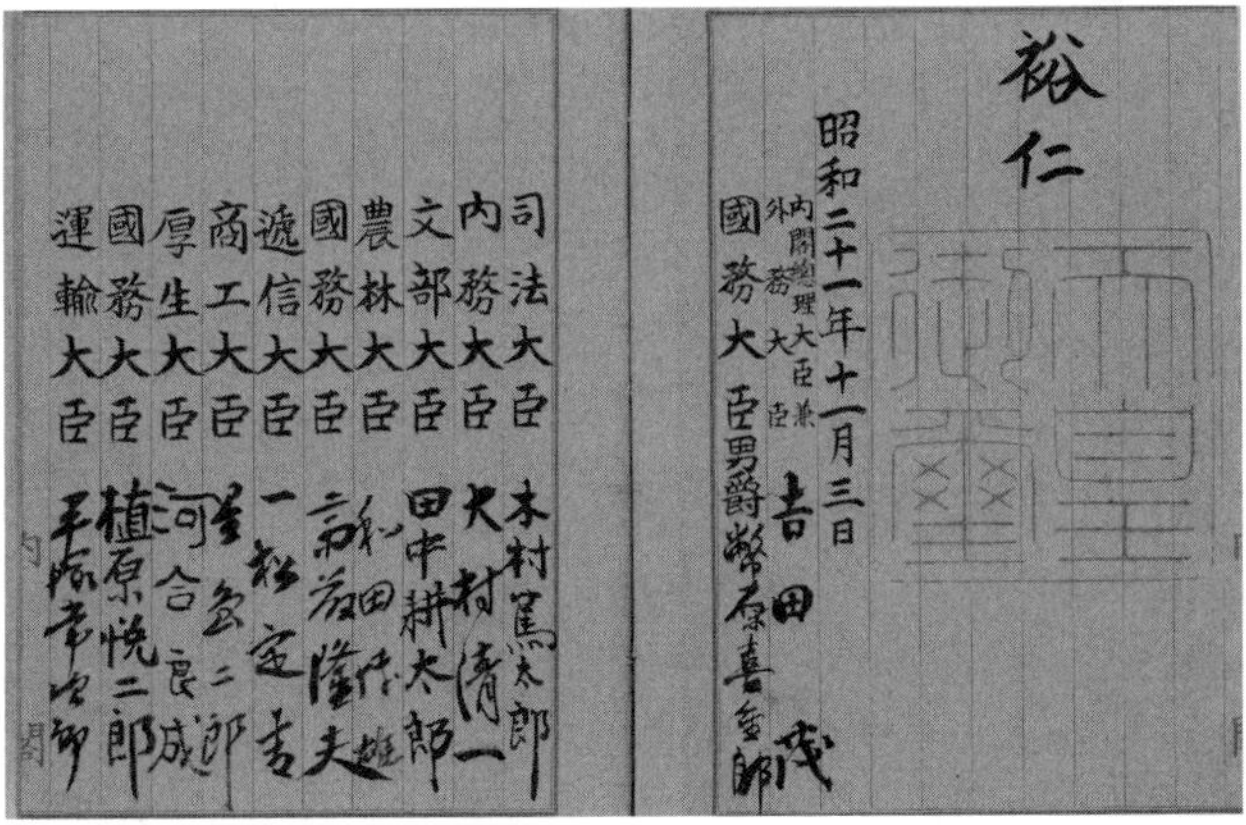
裕仁
天皇御璽
昭和二十一年十一月三日
内閣総理大臣兼外務大臣　吉田茂
國務大臣　男爵　幣原喜重郎
司法大臣　木村篤太郎
内務大臣　大村清一
文部大臣　田中耕太郎
農林大臣　和田博雄
國務大臣　斎藤隆夫
逓信大臣　一松定吉
商工大臣　星島二郎
厚生大臣　河合良成
國務大臣　植原悦二郎
運輸大臣　平塚常次郎

天皇の署名のある日本国憲法。

半藤　これらの条約を、日本は世界と一緒に結んでいるじゃないか、と。それを勝手に破って、お前たちが勝手に戦争を始めたと。もちろんドイツもそうだけど。
　この条約の言葉を見ると、憲法第九条にそのまま移っているんですよ。
「戦争ニ訴フルコトヲ非トシ且《かつ》其《そ》ノ相互関係ニ於テ国家ノ政策ノ手段トシテノ戦争ヲ抛棄スル」という言葉です。
宮部　そうだ、九条の言葉だ。
「日本国民は、正義と秩序を基調とする国際平和を誠実に希求し、国権の発動たる戦争と、武力による威嚇又は武力の行使は、国際紛争を解決する手段としては、永久にこれを放棄する。」
半藤　つまり、GHQが押しつけたのではなく、もとを正せば不戦条約に基づいているんですよ。もっと厳密に言うと、GHQが提示してきた原案は「国際紛争を解決する手段としての国権の発動たる戦争と武力による威嚇または武力の行使は永久にこれを放棄する。」というのです。

“War as a sovereign right of nation is abolished.（国民ノ一主権トシテノ戦争ハ之ヲ廃止ス。）

The threat or use of force is forever renounced as a means for settling disputes with any other nation.”（他ノ国民トノ紛争解決ノ手段トシテノ武力ノ威嚇又ハ使用ハ永久ニ之ヲ廃棄ス。）

ところが、これを受け取った日本は、吉田（茂）内閣になってからですが、国会で大論議して、結果的にはGHQの原案を日本側で直したんですよ。

「日本政府原案（三月二日案）戦争ヲ国権ノ発動ト認メ武力ノ威嚇又ハ行使ヲ他国トノ間ノ争議ノ解決ノ具トスルコトハ永久ニ之ヲ廃止ス。」

九条を見れば分かりますが、「国際紛争を解決する手段として」をあたまに持って来ると、国際紛争を解決する手段でなければ、たとえば自衛のためならよいではないかと、いくらでも言い訳ついちゃうんだ。これも文学的な話だけど。

だから、これは後ろへ持っていけ、というのは日本側で決めたことなんですよ。

宮部　しかも国会で論議しているわけですね。

半藤　大論戦しているんですよ。政府の原案は、戦争と軍備の放棄がじつに消極的に映ると。平和志向をもっと積極的に打ち出すべきだというので、後ろへ持って来たんです。日本の憲法では「国権の発動たる戦争と、武力による威嚇又は武力の行使は、国際紛争を解決する手段としては、永久にこれを放棄する。」と、直しているんですよ。そういう議論を日本は一生懸命やっているんですね。しかも、そのあたまに「日本国民は、正義と秩序を基調とする国際平和を誠実に希求し、」と。もう一ぺんそれを上に載せようじゃないかというので、載っているんです。この「日本国民は、正義と秩序を基調とする国際平和を誠実に希求し、」は、日本人が作った案なんです。

宮部　いい文章ですよね、そこも。

半藤　いい文章ですね。つまり、日本は国会で、しかも戦後の女性参政権も加わった新しい選挙法で選ばれた選良たちによって大揉めに揉めながら、そうやってほんとうに日本人は、平和を希《ねが》っている国民なのだということをもっと積極的に表へ出そう、という自発的な意志の下に文章化したんですよ。だから「押しつけ」という言葉は、あまり言わないほうがいいと思うのです。戦後日本人のほんとうの思いというものが、願いというものが、そこにこもっているんですよ。

宮部　国際平和。我々は平和を求めます、という心ですね。

半藤　第二項の「前項の目的を達するため、」というのも日本人が付けたんです。

宮部　それはむしろ誇りにすべきですよね。

半藤　そうなんです。もう一ぺん確認しているんですよ。第二項に「前項の目的を達するため、」とわざわざ付けて、「陸海空軍その他の戦力は、これを保持しない。国の交戦権は、これを認めない。」となっているのであってね。[1]逆にこれを、自衛権を正当化するためにつけた、という人もいますが、きちんと歴史に学んでいない思いこみだけの解釈だと思います。そういう意味で、あんまり押しつけ、押しつけという主張が先立つのはよくない。それだけは言っておかないといけないと思っているのです、憲法に関しては。

宮部　当時の日本人の心をね。それはとてもいい言葉だし、いいエピソードですね。そのときの日本人の平和を求める心が、こういう文章になったんですよ、と。

半藤　変えて、しかも正確にしたのだと。

宮部　自分たちの言葉にしたのですと。

半藤　本を正せば不戦条約なんです。第一、改憲論者や一部の政治家がいうような、八日間だけで憲法がつくられた、とかいう主張は、この不戦条約や国会の論議をみても、まったく的外れだということが分かります。

宮部　これはすごく大事なことです。とても重要ですよ、ほんとに。

〔1〕◎GHQ素案 "No Army, Navy, Air Force, or other war potential will ever be authorized and no rights of belligerency will ever be conferred upon the State."
（陸軍、海軍、空軍又ハ其ノ他ノ戦力ハ決シテ許諾セラルルコト無カルヘク又交戦状態ノ権利ハ決シテ国家ニ授与セラルルコト無カルヘシ。）

◎日本政府原案（三月二日案）「陸海空軍其ノ他ノ戦力ノ保持及国ノ交戦権ハ之ヲ認メズ。」

◎日本国憲法第九条「2. 前項の目的を達するため、陸海空軍その他の戦力は、これを保持しない。国の交戦権は、これを認めない。」

6 日本初のヌードショー

昭和二十二年一月十五日

ヌードショーと浅草・銀座

宮部　ここでまったく話の流れを変えて、日本人の庶民と、半藤さんの戦後の大事件です。

半藤さんの本に写真がありますね。『名画アルバム』（新宿帝都座五階劇場）昭和二十二（一九四七）年一月十五日、「日本初のヌードショー」と。

半藤　それそれ。本当に衝撃でしたよ。戦後の大衝撃だった。中でも人気があったのが甲《か》斐《い》美《み》春《はる》さんというんだけど、舞台の上でじっと動かないんですよ。題して「額縁ショウ」と言う。この写真は新宿での第一号ですから、私は残念ながら見ていません。これが間もなく浅草へ来るわけです。そこで見ました。新宿では、押すな押すなだった。甲斐美春が出て来る瞬間には、客席がみんな固唾《かたず》を呑んでね、シーンとなったそうですよ。

宮部　なんて純情な（笑）。シーンとしたんですね。

新宿帝都座の「額縁ショウ」第１号、甲斐美春さん。

半藤 出て来て、なんにもしない。立っているだけ。動かないんです。

宮部 帽子を持って立ってますよ。

半藤 だけど、みんな目を見張って、幕が閉まると、「はあー」って全観客が溜め息をついたというんです。

宮部 きれいな人ですもんね。

半藤 日劇の秦豊吉が、日本人の女は胴長だから動くとみっともないから、動かないほうがいいんだと言って、動かさなかったというんでしょう？

宮部 それで帽子を持ってポーズしていた。

半藤 帽子で隠しているんですよね。でも、ほんとに、それから私はずっと同じことを言いつづけていますが、「国敗れてハダカあり」だと思いましたよ。

宮部 そうですね。何か新しいメディアやシステムが出来たときに、やっぱり最初にエロによってビジネスが成り立つと、きっちり定着する。VHSとかのビデオもそうだし、DVDもそうだったし、出版も、終戦後すぐにエロチックな本というのが、ひとつのマーケットを築いているんですよね。

半藤　そうですよ。「夫婦生活」とか「りべらる」とか「猟奇」とか。

宮部　通販だって、最初は店頭では買えないようなものを売って市場を築いていったわけだから、やっぱり逞《たくま》しい。市場を拓《ひら》く絶対的な力が、エロスというものにはあるんでしょうね、きっと。

半藤　そのエロス、浅草の興行の人たちには……大当たりすると分かっている。新宿に先んじられたが、放っときませんよ。たちまち浅草にストリップ劇場がいくつも出来て、これは動かないなんてとんでもない、動きだした（笑）。
　この甲斐美春さんというのは、舞台に出ているときに叔父さんが見に来て、「なにやっているんだ、おまえ！」と怒られてやめさせられたと聞きました。

宮部　バレちゃった。

半藤　これは有名な話なんです。その世界で。

宮部　第一号としてフルネームが残っているというのがすごいですね。
　昭和二十三年に長岡から東京へ出て来た半藤さんも、よく通われていた（笑）。

浅草界隈に立てられたストリップ劇場の看板。吉村正治撮影。

昭和二十三年だから……。

半藤　まだそんなに激しくはなかったですよ。文字どおり、一枚一枚ぬいでいくストリップ。

宮部　半藤さん、大学一年生？

半藤　いや、高等学校（旧制）一年。浦高のとき。浅草へ見に行きましたね。仲間と。

宮部　男友達と。

――おカネ、よくありましたね。

半藤　それはアルバイトしてますもの。賃金の高い肉体労働なんかを。

宮部　もうアルバイトなさっていたんだ。

半藤　もう、ものすごく……。

宮部　どんなことを？

半藤　あの頃ね、トラック会社にタイヤを盗みに来る奴がいるんですよ。トラックのタイヤだけ外して盗んでいく。機械を使ってね。タイヤが売れるんでしょうね。自動車会社が困っちゃって、夜通しの警備員を募集した。そこで友人数人とその夜警のバイトをしました。

宮部　見張りを置くわけですね。

半藤　かなりカネになりましたよ。一晩じゅう見張りをやって。

宮部　若い学生さんなら頼りになるものね。

半藤　四人ぐらいで組んでね。野球のバットを持ってよ。二人ずつ交代して寝て、またバットをかついで……。

宮部　バットを持った荒野の用心棒だ（笑）。

半藤　人が見張っていると分かると、泥棒は来ませんよ。

宮部　血気盛んな男の子たちがバット持って見張ってるんですから、それは泥棒も来ませんよねえ。

その給料をもらって……。

半藤　浅草へ行って〝戦後〟を大いに謳歌した（笑）。それに大学に入ってからは、ずいぶん家庭教師もやりましたしね。あの頃の学生はみんなアルバイトやっていましたよ。

――初めて劇場に行ったときは衝撃でしたか。

半藤　そりゃもう、衝撃でしたよ。

——なにが？

宮部　鋭い質問（笑）。何が衝撃だったのか。

半藤　私ら子供のときから、母親の裸は見たことあるけども、若い女の人の裸なんて見たことなかったからよ。それも一枚一枚ぬいで、だんだんに見えてくるんですぞ、若いピチピチの女性の裸が。もうクラクラクラクラッと、目がくらんだ。

——写真はありましたか。

半藤　写真なんかありませんよ、そんなもの。

宮部　あれ？　半藤さんは昭和五年のお生まれですよね。私たちの感覚だと、写真もないというのはピンときませんね。

半藤　写真なんかないですよ。写真機そのものがないんだから。

——初めて、もろに女性の裸を……。それは確かに衝撃かもしれない。

宮部　もろに、生《な》まの女性。ハ、ハ、ハ。

半藤　新聞などで中学生の頃の写真を、とか言われるけど、一枚もないですよ。

宮部　焼けちゃいましたものねえ。

半藤　七中時代なんか一枚もない。長岡中学のときのはさすがに少しありましたけどね、医者のセガレだったか、カメラを持っている奴がいたので。私らの頃、カメラを持っているなんてのは、ほんとのお金持ちだから。

宮部　写真館で何かのときに撮ってもらうものだったのですか。
半藤　そうそう。記念写真ですよね。それは二枚ほどあります。
宮部　うちの父は昭和二年生まれなんですけど、東京大空襲で全部焼かれたので、子供の頃の写真がまったくないんですよ。
半藤　ないですよね。私の子供のときの写真がちょっと残っているのは、母親が疎開したので、持って行ったんです。
宮部　そうじゃないと残っていない。
――浦高の生徒で、ヌードショーを見に行くのは普通のことだったんですか。
半藤　あんまりいなかったですね（笑）。旧制高校生はみんな真面目なんですよ。ただし、例外はある。
宮部　おませだったんですね。
半藤　そこが東京下町の生まれのいいとこですよ（笑）。
宮部　浅草、近いしねえ。
半藤　浅草と銀座とは、繁華街とはいえまったく違っていた。私は銀座という所へは、戦前には一ぺんだけしか行ってない。戦車大行進を見に行った。
宮部　はい、はい、はい。
半藤　戦後は昭和二十五年に行ったことを思い出した。その年、親父が病気で寝ていて、「アイスクリームが食べたい」と言いだした。一月です。アイスクリームなんて、冬なんか、どこにも売っていませんよ。「浅草へ行っても売っていないだろうけど、銀座へ行けば売っているんじゃないか」と母親に言われたので、銀座へ行った憶えがあるのです。

銀座で二軒の店に断られた。「家までどのくらいかかるんだ?」って聞かれて、「一時間はかかる」と言ったら、「ダメだ、溶けちゃうから」って断られた。ドライアイスも魔法瓶もない時代だから。三軒目で、事情を言ったら「何とかしましょう」と。買って持って帰り親父に食べさせて。少し溶けていましたけどね。でも、うまそうに食べた。そう、そのとき銀座へ行きました。

その程度ですよ。下町の子供にとって銀座なんてのは、もうはるか遠い所。

宮部　私も、大人になるまで銀座には映画館ぐらいしか行ったことなかったですね。縁のない場所だと思っていました。日本橋には都電で行けたから行きましたけど、そこもハレの場所ですよね。浅草や上野は、もうちょっと身近な感じでした。

半藤　そうそう。何かというと浅草で、ご褒美なんて浅草だよ。「浅草に連れて行ってやる」と言われると、もう、「わあっ!」と……。山の手の人たちは浅草なんて来やしない。

宮部　やっぱり赤坂とか銀座ですかね。あと渋谷か。

半藤　だからストリップなんか、俺の年代で、そんな学生時代に見ているのは、下町出身の連中ぐらいです。
宮部　服装は、どういう恰好で行ったんですか。
半藤　普通の恰好。もちろん学生服なんて着てないですよ、みんな、持っていないから。背広とか軍服です。軍服が配給になっていたから。
宮部　戦後に流れた軍服だったんですね。
半藤　肩章も何もつけてない軍服で。
宮部　もう日常着になっちゃって。「そこ」には何回ぐらい行ったというか、しょっちゅう行ったんですか。
半藤　そんなしょっちゅう行けるカネがないじゃないのよ。
宮部　バイトのお給料が入ると……。
半藤　そうそう。ちょっと懐が暖かいときに行くんであって、そんなちょいちょい行きません。文春に入社してからは、ちょいちょい行きましたよ。
宮部　すごい告白（笑）。
半藤　入社して間もなくかな、〈日劇ミュージックホール〉が〈日劇〉のビルの上の方に出来たんですよ。そこなんか、しょっちゅう行ってましたよ。
宮部　私たちは知っていますけどね。今の有楽町ルミネのところに〈日劇ミュージックホール〉があったということを知らない世代が、これから増えるんでしょうね。
半藤 当時、入場料が三百五十円だった、と思います。月給一万二、三千円の頃の三百五十円。高いんだよ。でも、勇を鼓《こ》して行きましたねえ。
宮部 華やかだったのでしょうね。
半藤 華やかなものでしたよ。歌も踊りも、ハダカも（笑）。浅草より数等上でした。とにかく足の長い、西洋人みたいにスタイルのいいハダカが、上手に踊るんですからね。三百五十円でも安かった。
宮部 文春に入ってからは、一人で行ったんですか。
半藤 いや、文春の奴ら、助平《すけべ》が沢山いた（笑）。
宮部 アッハッハ！
半藤 衝撃的でしたねえ。とにかく衝撃的でした。頭がクラクラする大事件ですよ。戦後だ、と思いましたよ。ジプシー・ローズって踊り子、ああ、思いだすなァ。
宮部 よく昭和二十二年に……。しかも一月ですからね。二十一年のうちから準備していたんですかね。
半藤 そうでしょうね。
宮部 逞しいものですね。
半藤 文春に入ってからだけど、浅草のストリッパーと仲良くなってね。

宮部　イッヒッヒヒ。
半藤　気だてのいい娘《こ》で、一緒に酒呑んだりなんかしてよ。そういう話はあるけど。それ以上のことはしてませんよ、ホントです。神に誓って本当です。
宮部　だって、文春の「オール讀物」では、二十年ぐらい前か、ヌードモデルさんを呼んで、絵心のある作家を呼んで、デッサンとかさせたりして、それがグラビアに載ったり。
半藤　そうそう。
宮部　今ではちょっと考えられない。
半藤　永井荷風《かふう》さんはよく浅草に、私もちょくちょく行った〈峠〉という、今で言うとスナックですが、そこへ踊り子を連れて来て、一緒にご飯食べていましたよ。
宮部　踊り子さんね。
半藤　荷風さんに、「おじさん、俺のとこへちょっと貸してくれ」なんて言うと「ダメ」なんつって（笑）。
宮部　そりゃそうだ。
――ストリップショーは、なぜ10大事件に入るのですか？
半藤　女の人が、戦争に負けたら一気に、あそこまでするようになったということかな。日本女性は大和撫子《やまとなでしこ》と言われるように、撫子の花みたいに慎ましやかなもので、常に後ろに控えている存在という印象がありました。それが堂々と前に出て来た、それもハダカでだよ、というのはやっぱり戦後だと思いましたよ。

宮部　しかも、舞台で持っている帽子が、ソンブレロみたいな……。

──昔の赤線とか青線の時代ですね。

宮部　でも、私は女だけど、女の目から見ても、赤線と踊り子さんは別な気がする。

半藤　全然、違うんですよ。まったく違います。一緒にしたら踊り子さんに怒鳴られますよ。舞台で音楽に合わせて芸を見せてるんですから。

帽子が回ってくるのは……

半藤　私が文藝春秋に入社したのは昭和二十八年。赤線がなくなったのは三十三年だから、まだまるまるあったんですよ。

宮部　そうですか。

半藤　当時の出版社の中には、新入社員が入ると新入社員歓迎会というのがあって、飲み屋へ行って、先輩が裸踊りをする会社があるわけよ、素っ裸になって。〽私のラバさん……なんて歌に合わせて。新人、お前たちもやれ！　となって、新人も裸踊りをする。いや、させられる。そうすると帽子が回るわけ。当時は男社員ばかりだったからね。

――帽子で隠すわけですか。

半藤　いや、隠さないよ。帽子が回ってくるのは……。

宮部　おひねり。

半藤　そのとおり、お賽銭だよ。観客のほうに帽子が回ってくる。お賽銭を集めて、その集まり具合によって、新人をさらに歓待するために、歓迎会が終わると赤線に連れて行ってあげるわけ。

宮部　それを資金にしてね。

半藤　そういうひどいことやっていた会社があったらしいんだよ。言っておきますがこれは聞いた話ですからね。

宮部　伝聞ですよ、皆さん（笑）。いつぐらいまでやっていたんだろう。

半藤　昭和三十五年くらいじゃないですか。

宮部　東京は三十三年に赤線廃止だから、四年と五年は別の所に行ったんでしょうね。

半藤　キャバレーに行ったらしい。赤線なきあとの怪しいキャバレーに行ったみたいですがね。ただ、その頃になると、新人が歓迎会に出て来られないということがある。

宮部　忙しくてね。

半藤　それで結局、そういうことはやめたようです。
宮部　そっちの事情でやめたんですね。
半藤　裸踊りも、反対が起きてきてね。
宮部　うーん、それはやっぱりね（笑）。
半藤　戦後民主主義のね。
宮部　人権の侵害であると。
半藤　とにかく、うるさく民主主義を主張する奴が出て来て（笑）。
宮部　パワハラであると。
半藤　人権侵害であると。裸踊りをさせるのは。
宮部　今、踊れと命じたら確実に訴えられますね。自分が踊るところを見せても訴えられます。
半藤　軍隊から帰って来た奴らがいるわけでね、上のほうに。野蛮だったんですよ、まだ。
宮部　男の人って、なんで裸踊りをしたがるんでしょうね。
半藤　なぜでしょうねえ。本能でしょうか。基本的本能。いや、自己顕示欲かな（笑）。
宮部　体育会系ではよく聞きますよね、裸踊りするって。ヘソ踊りとかいって、お腹に絵を描いてね。なにが面白いのだろう？　フフフ。

半藤 いやいや。当人は結構楽しいらしいんですよ。伝聞ですよ。

宮部 私が住んでいた所の近くには、有名な〈洲崎《すさき》パラダイス〉(戦前の洲崎遊廓)というのがあったので、三十三年に売春防止法が出来て、まさに火の消えたようになってしまった頃を、うちの母なんかはよく憶えているみたいなんですね。

半藤 洲崎の赤線街といえば、その入口に、ある飲み屋があって、そこに入ると大きな鏡があって、そこに「祝開店　○○出版社有志一同」って。……なんて話、聞いたことがある。くり返しますが、伝聞ですよ(笑)。

宮部 大らかだなあ(笑)。

7　金閣寺焼失とヘルシンキ・オリンピック挑戦

昭和二十五年七月二日／昭和二十六年九月九日

金閣寺炎上事件

宮部　私、金閣寺の放火炎上事件は、以前はとくに興味なかったんです。だけど、私なりに昭和の大事件を選ぶために、半藤さんや保阪正康さんのご本を読み直して、年表を見たら、金閣寺の事件って昭和二十五（一九五〇）年に起きていることに気づきました。

半藤　そうそう。

宮部　私の感覚では、なんとなく戦争が終わってだいぶたった昭和三十五年とか四十年ぐらいの事件だろうと思っていたのです。そしたら二十五年なので、戦後完全に復興していない頃に、こんな、いわば個人の内面的な事件が起きていたんだって、それがびっくりでね。半藤さんに伺いたくて。

半藤　この後、同じ年に「オー、ミステーク事件」が起こっている。

宮部　強盗事件ですね。踏み込まれたら「オー、ミステーク」と叫んだという。

半藤　女と二人でいたところをね。あれが同じ年なんですよね。それでアプレ・ゲール（戦後派）という言葉が流行語になった。略してアプレ。

宮部　金閣寺の事件は、三島由紀夫の小説のせいもあって、犯罪ですが、ある種の格調みたいなものを、私は感じていたんです。

半藤　小説にすると、ああなるんだけど、戦後史的に見ると、あんなものじゃないんですよね。もっと、ざらざらとしたというか、戦争批判の事件なんですよ。

宮部　この人、お坊さんの卵だったんですよね。

半藤　そうです。

宮部　戦後の人間の変化というか、そういうものが犯人は許せなかったということですね。となると、これは個人の内面的な事件であるけれども、やっぱり時代と切り離せない。

半藤　どうしても昭和二十五年でなければいけなかったんですね。

宮部　やっぱり三島の小説から入っちゃうし、市川崑監督の映画のイメージも強いから、芸術的な、格調高い、美しいもののように思っちゃう。精神性の高い、形而上学的な事件のように思っていたんです。

半藤　私なんかもそう思って映画を見ましたよ。

宮部　空襲されなかった金閣寺が、日本人の手で焼かれてしまった。この前後に起きている戦後犯罪って、戦地で人を殺したり暴力を振るった記憶が忘れられないとか（小平事件）、食糧や住居をめぐるゴタゴタとか、直情的だったり生活臭があったりする事件が多い中で、この事件は、魂のレベルの事件のように受けとめていました。だって、そうじゃなかったら、どうして金閣寺を焼かなきゃならないのか。半藤さんは、『金閣寺』が世に出た当時、三島由紀夫をご存じだったんですか。

半藤 知ってましたよ。

宮部 リアルタイムでこの事件を知っている人の中には、読み方がずいぶん違う人がいたでしょうね。

半藤 いたと思いますね。私も三島さんのこの傑作に、でも少々違うんじゃないの？という思いがありましたよ。

宮部 そうなんだ。

半藤 水上勉さんも『金閣炎上』という小説を書いています。小林秀雄もこの事件を書いているんです（「金閣焼亡」）。どれもこれも、疎外された孤独な若者の犯行、というテーマです。ところが、私は、違うんじゃないかな、と。そういう見方も美的でいいかもしれないけど、戦後史の事件という見方でみると違うよ、と。

宮部 犯人に、戦後という時代に対する反発心があった、ということですね。

半藤 ちょうど戦後の曲がり角なんですよ。

焼け落ちた金閣寺。

宮部　朝鮮戦争の始まった年ですものね。

半藤　ショックだったんですよ、みんな。八月十五日で一度大きく変った日本が、また「右旋回」という流行語にあったように、大きく変ろうとしていた。朝鮮戦争で戦後があれよという間に変わりだしたんです。そのときに、坊さんの卵が修行している寺、それも国宝の寺を燃やした。まさか、こんなことをする若者が出て来るとは……。

宮部　夢にも思わなかった。

半藤　夢にも。

宮部　国が滅びるような戦争がやっと終わって、終戦処理も終わって、やっと占領が解けて。

半藤　食うや食わずの時代が続いていますが、まだ占領は解けていないんですよ。

宮部　あ、まだ占領下だ。

半藤　だけど、やっと、朝鮮戦争で、しょぼんとしていた国が活気づいてきて、食えるようになってきた、前途が明るくなってきたぞ、というときに起きた事件のわけですよね。金閣寺が焼けている真っ最中の写真が残っているんです。これは衝撃的でした。

ある意味では、やっと国が少し落ち着きかけたときです。そのときに国宝の金閣寺を燃やしちゃった奴が出て来たというのは、私にはショックでしたね。

宮部　当時、この犯人は相当憎まれたでしょうし、でも一方で、時代の先端を行くというか、非常に先鋭的な心の持ち主として、ある種、共感もされたというか。だからこそ三島さんも取り上げたのでしょうからね。

半藤　たしかに共感されたんでしょうかね。犯行の動機は、要するに、戦争中の日本人が言っていたこと、やっていたことは全部嘘だ、と。でも戦後も朝鮮戦争がはじまると右旋回しだして、元へまた戻りつつあったわけですが、坂口安吾の『堕落論』じゃないけども、大体、いつの時代でも大義名分みたいなことを言っているものは全部、偽りであると。

宮部　嘘である。

半藤　嘘だと。人間はもっと、本質的にそんな恰好のいいもんじゃない、と言うんですよ。敗戦直後には食うほうが先立っていたんですが、助け合っていこうじゃねえか。そんなことがしきりに言われたが、その日本人が食えるようになったら、たちまちに変わりだした。

宮部　戦争が終わったんだから、美しい気持ちで、美しい国をつくろう、みたいな意見が、一般にはきっとあったはずですよね。

半藤　ありましたよ。しかし、またそれが急激に妙になりつつあった。そういうときに国宝を燃やしちゃったんです。林承賢（本名・養賢）というんだけど、金閣寺の徒弟ですよね（見習い僧侶で大谷大学の学生）。

宮部　学僧さんですよね。

半藤　彼が言ったという言葉、「火をつけたことは悪いとは思わない。金閣の美しさを求めて、毎日訪れる参観者の群を見るにつけ、私は美に対し、またはその階級に対して、次第に反感を強くしていった。世の中の美は、自分にとって醜いと感じたが、反面、その美に対する妬《ねた》みを抑えることができなかった。これは自分たち若い世代の者が、悪い環境に置かれているためかもしれない」と。このへんから金持ちと貧乏人の差が出て来たんですね。

宮部　朝鮮戦争特需で急激に伸びているところと、まだまだとても復興どころじゃないというところとの差ができたということですね。

半藤　そうです。戦争成金がまた大手をふりだした。それにたいする妬みというか反逆というか、ある意味では、非常に文学的な事件なのですよ。

宮部　ほんと、事件そのものが文学的ですね。

半藤　美と憎しみというものを、こんなに正面切って扱った犯罪というのはないでしょう。

宮部　美というものが自分を挑発するというか、美が憎いということでしょう？

半藤　憎いんですね。でもそれを観に来ている奴らのアホ面《づら》がもっと憎いんですね（笑）。しかも着飾《きかざ》って。

宮部　昭和二十五年の段階でそれを言った、ということに、私はすごくびっくりしたんです、だって、観念的動機ですよ。

半藤　ものすごく観念的ですよね。

――半藤先生は、この事件は太平洋戦争を引きずっているとおっしゃいましたよね。戦争と戦後の世相を引きずっている事件だと。

宮部　反戦的な意味合い、思想も少しあるというね。

半藤　戦時中に、日本という国は世界の中でも特異な文化を持ったすごい国で、日本の美というのは、桂離宮《かつらりきゅう》を「泣きたくなるほど美しい」と評価したブルーノ・タウトみたいに、独特の価値を持っているという見方が、とくに上の人たちにあった。そしてそう国民を指導しました。しかし戦後、そんなものは嘘じゃないかという考え方が現れたんですよ。坂口安吾など。桂離宮のどこが美しいんだ、と。

宮部　揺り戻しですよね。

半藤　水が入って「パン」！　と鳴る竹の仕掛が庭にあるじゃない。

宮部　ししおどし。

半藤　「あんなもののどこに、侘《わび》、寂《さび》があるのか」、というようなことを言う人が、増えてきたわけです。「法隆寺が焼けたって惜しくない」、とも。これは安吾の言葉だけど[1]。

　それより、日本人には大事なものがある、という言い方が戦後になって出て来たわけです。それまでは、たとえば金閣寺に代表されるような、日本の建物は世界に冠たる絶対的な美しさだとかいうことが、戦時中は強調されていた。ずうっとね。

宮部　それに対する反動ですね。

半藤　そう、反動があったと思います。戦争中に叫ばれていた「絶対」なんかない。反動の例として、これは非常に興味ある事件だと思います。

宮部　いや、ほんとにそうですね。

半藤　だから、三島由紀夫以外にも、水上勉も、小林秀雄も書いたんですよ。

宮部　同時代の文学者の心を揺さぶる事件だった。

半藤　そうだと思います。ものすごく戦後的な事件であり、新しい、文学者の心を揺さぶった事件でしょう。それほど、戦争中には、日本美というのか、日本美学というのか、そういうのがものすごく強調されましたからねえ。文学も絵画も。

宮部「神の国」である、というふうにね。

半藤ええ。世界に冠たる美の国であると。

宮部それに対する反動という意味では、金閣炎上は昭和二十五年に起こって、決して不思議ではない事件だった。戦争中に押しつけられ、国の中を満たしていた美的価値観を一回、全否定してやろうと。だから焼いてしまうのだということ。それは個人だけの問題ではなかった。ふむふむ。だけど、最後にこの人を行動へと踏み切らせたのは多分、個人の鬱屈なんでしょうけど。

半藤この後、「オー、ミステーク！」だとか、いかにも戦後派的な、ああいうのがたくさん出てくるんですよ。そういう意味では、象徴的な事件だったんですね。

宮部三島さんや水上さんのときには、当人に取材できたのかな。この犯人に会ったんでしょうか。

半藤どうでしょうかねえ。

宮部純粋に創作としてつくり上げられたんでしょうか。

半藤そうじゃないですかね。とくに水上勉の場合は、自分が、お寺さんの経験があるから、寺が退廃しているという、水上勉流の見方でしょう。ただ、水上勉は教員時代に林少年に会っているそうですが。どこまでわかっていたか。

宮部　作者の鬱屈も入るわけですね。

半藤　対して三島さんは、完全に美学の問題ですよ。

宮部　美と、美に嫉妬する者の話になっていますよね。

半藤　一つの大きな美の権威に対する反逆、という気持ちが青年の中にあったのかなと。権威なんかアテにならないという思いがあったのでしょうね。

宮部　この事件はもうすっかり忘れ去られちゃって、今の金閣寺が再建されたものであることも私も忘れかけていたし、だから、金閣寺が燃える話は三島さんが小説に書いただけで、現実には起こっていないんだと、ちょっと錯覚しかねない。

半藤　そう思っちゃうかもね。だから、いっそう日本美とは何なんだということになる。

宮部　だからここで「いや、実際にあったんですよ」と、もう一回、取り上げておくのもいいかな、と思って。

半藤　実際、戦後派問題（事件）というのは、いくつか、この後にあるんですけど……。この事件とは大分違っている。

宮部　身も蓋もない事件が多いですよね。

半藤　そう、身も蓋もないんですよね。

宮部　人が殺される犯罪も、猟奇的なものが多いし、一方で、清張さんが『日本の黒い霧』で取り上げている下山事件とか松川事件のように、謀略が絡むような、すごく政治的な匂いのする事件とか。

半藤　そうなんですよ。米軍の占領政策がからんできてわけがわからなくなる。

宮部　残酷な、物質欲だけの猟奇的事件の根底には、戦争の終わった後、命というものに対する捨て鉢な感覚がちょっとあったと。

半藤　ありましたね。それはありました。戦場で人殺しを散々してきたから。

宮部　私なんか頭で考えちゃうと、若者は、国が滅びるような戦争がやっと終わったのだから、もう兵隊に取られなくてすむんだし、命を大事にしようと考えるんじゃないかなと思いますけど。でも、いつ空襲で死ぬか分からない、いつ兵隊に取られて死ぬか分からないという、ずっと変わらないと思われていた状況がパッと終わると、逆に、どうせこの命、戦争で死んでいたはずなんだから、どうにでもなれ、って思っちゃうこともあったんですかね。

半藤　私らもっと若い世代は、生き残ったということは幸運だと思って、これから精いっぱい生きてやろうと思いましたけど、少し上の人たちは「自分みたいなやつがなぜ生き残ったか。生き残って申し訳ない」という気持ちもあったと思います。

宮部　それが自分に対する、「どうなったっていい」という、荒廃した心というのか。

半藤　あったんじゃないですか。まさしく荒廃した気持ちね。それが出て来るんでしょうね。とにかく戦争中は命が軽くて安かったから。一銭五厘の葉書一枚で戦場へ駆りだされたんですから。

宮部　なるほどねえ。

半藤　当時、いくつだったんでしょうかね、犯人の林ってやつは。

宮部　二十一歳ですね。この年表を見てびっくりしたんですよ。

半藤　私は当時二十歳か。一歳違うだけでこんな考え方を持つとは、すごいねえ。

宮部　半藤さんはそんなこと考えなかったでしょう？

半藤　考えなかった。隅田川でボートを漕ぐのに一生懸命ですから。

宮部　彼は非常に特異な、非常に先鋭的な、まあ、ナイーブでもあったのだろうし。

半藤　そうですね、ナイーブではあったんでしょうね。戦争中、どんな暮らしをしていたんですかね、逆に言うと。

宮部　そうですよね。ずっとお寺さんにいたのだとすると、逆に戦争中も、戦後と生活はそう変わらなかったかもしれない。お寺さんって、もともとすごく質素で、厳しい暮らしをしているから、戦争中でもそんなに生活が変わらなかったんじゃないですか。

半藤　なるほど。

宮部　勝手なことを言いました（笑）。でもこれは、もう一回、見直されるべき事件なのかもしれない。

半藤　たしかに、見直されるべきですよね。〝戦後〟を知るためにも。

宮部　復興しなくちゃならない、この美しい国をもう一度見直そう、そういう前向きな気持ちで生きましょうと皆が言っているときに、一方では、自分が生き残ってしまったことの意味を考えている人もいたろう。それは、大きな自然災害などでも、同じように思う人もいるかもしれないということですよね。

半藤　恰好のいいことを言うのは嘘っぽい、と思っている人がいる。

宮部　あそこで何もかもそれまでの自分はなくなってしまった、と思う人にとっては。

半藤　そう思っている人がいるでしょうね。いまだに金閣なんかに最高の美があるなんて、なに言ってるんだ、と思っているかもしれない。

宮部　それを毎日毎日あんなに大挙して観光客が見に来るなんて我慢ならないっていうね。

半藤　あるのかもしれませんなあ。

宮部　金閣寺に匹敵する、現代を象徴するものって、今だったら、スカイツリーかな。

半藤　でもスカイツリーを見ても……。
宮部　あれは美というよりは、この国の技術力の象徴ですかね。
半藤　要するに力の象徴ですから。でも金閣寺は延々と残ったものですからね。
宮部　歴史が積み重なって残ったものですから。
半藤　それが重たいということはあるんでしょうが。
宮部　戦争中は神の国だと言われていた日本という国の象徴？
半藤　ですよね。
宮部　足利義満がカネに飽かせて建てた寺で、べつに国が建てたものじゃないんですけど、でも、これはもう一回、見直してみたいな。三島さんや水上さんの作品も。
半藤　いま思うと、彼らにとっては、この青年は興味深い人だったんだね。
宮部　あのとき、そこで起きているということの意味にも、深いものがあったんですね。

ヘルシンキ・オリンピックへの挑戦

半藤　金閣寺の事件と同じ頃の話で、ここで急にまったくノホホンとした個人的な事件になるけどいいかな。でも私にとっちゃ戦後の一大事件なんだ。
宮部　どうぞどうぞ。

半藤 ヘルシンキ・オリンピック（昭和二十七年開催）に日本代表としてボートで出場しそびれた話。昭和二十六（一九五一）年の全日本選手権で慶應大に敗れて。

宮部 僅差で敗れて出られなかったのでしょう？ ここに写真（次ページ）もありますが、三十センチ差という説もある。じつのところはどのぐらいの差だったんですか。

半藤 写真は千メートルの地点のもので東大が勝っていますが、最後は僕らは五十センチ差と言っているけどね。五十センチって、（手を広げて）こんなものじゃないですか。ちなみに、慶應は二メートルとか言っているよ。ああ、思い出すたびに残念無念で（笑）。

宮部 ボート競技にも何種類かあって、何人漕ぎでしたっけ。

半藤 エイトです。八人で漕いで、一人が舵手。

宮部 九人目が舵手やるんですね。

半藤 オリンピック前年の昭和二十六年の全国大会で優勝したチームが、日本代表としてオリンピックに出ると決まっていました。で、オリンピックに行けたのにね。
なぜ、そんなに口惜しがるかといいますとね、戦後第一回のオリンピックはロンドンです。昭和二十三年。そのとき日本とドイツは、ＩＯＣ（国際オリンピック委員会）が、あなた方を出すと、まだ戦禍の記憶が生々しいと言われた。

全日本選手権決勝の模様。左から慶應、東大、一橋大学。

宮部　たった三年ですものね、終戦から。

半藤　親友が死んだ人もいるし、親を失った人、子供を失った人が沢山いるから、あなた方を呼びたいけれども今回は出場を辞退してくれと。辞退というより、出場をお断りする。だから日本はせっかくの大会に出られなかったんですよ。でも、ラジオ放送はしていました。

宮部　実況を聴くことはできたんですね。それは切ないなあ。

半藤　あのとき、もし日本が出れば、水泳は圧勝です。古橋廣《ひろの》之進《しん》、橋爪四郎、浜口喜博とかね。古橋、橋爪の全盛時代はあのときですから。世界新記録の連発です。

宮部　ああ、そうか。

半藤　それで日本の水泳連盟はオリンピックとピタリと合わせて、まったく同じ日に水泳の日本選手権大会をやったんですよ。そしたら、むこうの一着の記録より、はるかに日本のほうが早い。

宮部 昭和二十三年といったら食糧事情がまだよくなかった時期じゃないですか。

半藤 そうです、そうです。一億総ハラペコです。

宮部 どうやって鍛えていたのでしょうね。

半藤 どうやって鍛えていたのかね(笑)。ろくに食うものなかったはずですけどね。

宮部 不思議だなあ。

半藤 そして四年後の昭和二十七(一九五二)年のヘルシンキ・オリンピックのときになって、IOCが日本とドイツの参加を認めたわけです。僕らがちょうどそのときにぶつかっているので、よし、オリンピックに出るぞと。

宮部 大学何年生のときですか。

半藤 三年のとき。でも大学に入ってすぐ、オリンピックを意識してました。

宮部 だって、まずボート競技そのものが、大きな大学でボート部のあるところでしかできませんものね。

半藤 そうですよ。まだ実業団クルーはいなかった。

宮部 だからやっぱり、世界が射程距離ですよね、日本で勝ち抜けば。

半藤 入学して、何の運動部に入ろうかと思っていたら、「一番いいのは、お前、ボートだよ」と。ボートだとオリンピックに行けるよ。東大はすごく強かったんです。前年の全日本選手権も、優勝してますし。前々年も優勝です。

宮部　でも、運動競技としては、足が地面についていないスポーツが一番きつい、水球とボートが一番ハードなんだって、私、誰かに聞いたことがあります。

半藤　それはきついですよ。私は中学時代、水泳の選手なんです。水泳は、きついうえに、孤独なんですよ。

宮部　あ、孤独かー。

半藤　練習のとき、二万メートル、一人で泳いでいるんだよねえ。

宮部　種目としては短距離でも、訓練のためにはずっと一人で何万メートルも泳ぐんですもんねえ。

半藤　一人で泳ぐんです。練習のときは本当に孤独ですからね。ひとりぼっちの練習というのは、とてもじゃねえ、やってらんねえと。仲間がいたほうがいいと。

宮部　ボートはどこで練習していたのですか。

半藤　隅田川。今は桜橋になった、桜橋の下《しも》。長命寺《ちょうめいじ》の〈桜餅〉があって、〈言問《こととい》団子〉があって、その向こうが王さんの記念野球場というんですよね。王選手が子供のころそこで野球やっていたんです。

宮部　墨田区のご出身ですものね。

半藤　球場の隣りが一橋大学の艇庫で、その向こうが東大の艇庫なんです。並びにあったんですよ。〈言問団子〉の裏あたり。あのそばが向島の繁華街でしょう。
宮部　そうそう。花街がそばにあって。
半藤　花街があって。そして少し向こうに〈鳩の街〉があって（笑）。
宮部　大学に行って授業が終わると、練習場に行ったわけですか。
半藤　艇庫で合宿しているんですよ。そこから大学へ行くんですよ、みんな。
宮部　合宿！　生活から一緒にしてたんですね。
半藤　寝泊まりしているんですよ、全員が。春からずっと、一日じゅう一緒にいる。私のチームは私以外、工学部が三人、理学部が一人、医学部が三人とか。文科系は私のほか法学部が一人。理科系のやつは毎《まい》日《ち》、学校へ行くんですよ。
宮部　それはまあ、学生さんですもの（笑）。
半藤　そこで早朝練習です。朝早ぁく起きて練習をして、メシ食って、みな学校へ行くわけ。俺は学校へ行ったたってしょうがねえからよ。
宮部　えへへ。しょうがなくない、なんて（笑）。
半藤　本郷に向かって行くんだけど途中の浅草で終わっちゃって。浅草でストリップなんか見てね（笑）。
宮部　ま、文学部ですからね。なんて（笑）。でもご自宅から練習場も近いし。

半藤　家から通ったんじゃ練習できないもの。私は本チャンですからね。

宮部　やっぱり、チームメイトと一緒に生活するということが……。

半藤　そんなもんじゃなくて、ばらばらに暮らしていたら、体調というのが、みんな変わっちゃうから。家で食べる物が違ったりなんかする。全員が同じものを食べて、全員が同じ生活をして、全員が同じ風呂。毎朝、体重を記録に付けて、お昼に付けて、練習が終わって夕方また付けて。それを毎ん日やっているんですよ。
学校へ行く奴がいるときは朝六時ぐらいに起きるのかな。だから夜は九時頃に寝ちゃうんですよ、みんな。

宮部　朝ごはんは何を食べていました？

半藤　なんにもない時代だから、ヤミでおコメをたくさん買って来て、コメのメシだけ。それに胡麻塩かけて。あとは実のない味噌汁。

宮部　うわー、うわー。

半藤　おかずなんか、ほとんど無しで食っていましたよ。練習から上がってくると、夜はマネージャーが、おばさんに頼んでいましたけど、トンカツを買ってくることがほんのたまにあった。近所の肉屋から。練習から帰ってきたら、トンカツが並んでいるんだよね、テーブルの上に。

宮部　人数分？

半藤 みんなの分。でもとにかく風呂に行かないといけないから。風呂へ行くと、ろくに洗わないでよ、早く帰ろうと。トンカツのでけえのを取ろうと思って。

宮部 風呂は合宿所にあったんですか。

半藤 いや、銭湯へ行く。

宮部 みんなでどやどやっと銭湯ね。

半藤 ろくに洗いもしないで、あったまりもせず出て、さっさと行く奴がいるんだよ。トンカツのために。それでとうとう話し合って、みんな一緒に出て行こうって、銭湯の前に一同そろってヨーイ、ドンで走ろう（笑）って、バカなやつがいてね。私もつられて死に物狂いで走っていきました。でもよく考えたら、トンカツはべつに目分量で売るわけじゃないんだ。目方を計って売っているんだから、大きかろうが小さかろうが、同じ目方なんだよね。

宮部 多少大きく見えても、衣《ころも》の具合でしょう（笑）。

半藤 大きいけど、こうやって電灯に近づけて見ると肉が薄くて向こうが透けてやがるんだよ（笑）。

宮部 それでもトンカツはすごいご馳走ですよね。

半藤 たまにトンカツ、というときは、みんな血相を変えて。食事管理のためといっても、あんまり大したもの食べていない。

宮部　基本的には、おコメ頼みだってことですね。

半藤　おコメです。ときどき先輩が川へ来て我々の漕いでいるのを見て一席ぶつわけだけど、まあそんなのは黙って聞いてればいい。でもお土産が、例えば肉をどーんと持ってきたりするんですよ。

宮部　ブツで来るわけですね。

半藤　今晩はすきやきだと。もう、みんな殺気だっちゃって、すごいんだ（笑）。

宮部　それは想像するのがコワいほどすごそうです（笑）。

半藤　鍋の中へダーッと、全部いっぺんに入れちゃう。

宮部　ごった煮だ（笑）。

半藤　食べられりゃいいんだ。葱だろうがみんな入れちゃってよ。「いいか？　いいか？」と言って、鍋を囲んで、いち、に、さん！　葱なんて食わないよ。肉しか食わない。

宮部　まず肉ですよね！

半藤　肉がなくなると、やっとみんな落ち着いて、さあ、ゆっくりメシ食おう（笑）。

宮部　やっとゆっくり食べられるみたいな。

半藤　葱でメシを食って（笑）。でも一人、上手な奴がいたんだよね。おコメの中に肉を隠してやがるのよ（笑）。

宮部　ググググッて。

半藤　二切れか三切れ隠して、あとからとり出して食ってるんだよね。肉が終わっちゃって、われわれ葱を食いだしたら、その野郎、メシの下から掘り出してよ、しゃぶしゃぶってやって。俺たちはそれ見て、「この野郎メ、いいか、お前、食い物の怨みは一生祟るんだぞ」って言ってやった（笑）。

宮部　練習しているから、おなかすくわけですね。若いし。

半藤　まあ、当時としちゃ体のでっかいのが集まっていますからね。僕なんか背は高いんですが二番を漕いでいるのは、目方が少ないほうなんですよ。目方の多い奴らは「エンジン」と称して艇の真ん中に座るわけです。前と後ろと両方二人ずつぐらいは比較的に体の軽い人が座る。

宮部　加速の付き方が違うんですかね。

半藤　少し違うんです。

――宮部さんは学生時代とか、たくさん食べました？

宮部　私、すごく食べますよ。今でもそうです。体格のわりに、よく食べると言われます。うちはみんなそうなんですけど、好き嫌いがなくて、ぱかぱか食べます。

半藤　あんまり食べそうじゃないけどな。

宮部　いやいや。この丸い顔が食いしんぼうの証拠です（笑）。

――学生の頃とか、どうでしたか。

宮部　中学の頃は吹奏楽部だったんですけど、練習するとやっぱりおなかが空くので、それなりに食べ盛りでしたね。高校になると女の子は、まあ、色気づくので、あんまり好き放題食べると肥るから、みたいに。

半藤　少し色気を意識するからよ。

宮部　高校生ぐらいのときが人生でいちばん肥る時期なのでね。あの頃はそれなりに我慢しましたが、今やもう、なんにも我慢せず食べる（笑）。

半藤　私は昭和二十三年からボートを漕ぎだしましたからね、二十四、二十五、二十六、二十七と五年間漕いでいるんですか。最初の三年ぐらいは本当に食い物がなくて、みんな腹へらして漕いでいたんですよ。

宮部　それでも漕いでいた！

半藤　それでも、ボートというのは面白いものでね。ボートレースというのは、のべつはやらないんですよ、他の競技みたいに。当時は年に二回しか試合やらない。

宮部　競技会自体が少ないんですね。冬も練習するんですか。

半藤　冬は寒くて川の上では練習できないから、表を走ったりして。春になるとすぐ艇を出しますけどね。要するに、本番ではなく練習の期間が無茶苦茶に長い。食い物の話でいうと昭和二十三、四、五年ぐらいは本当になかったのですよ。腹をへらしながら猛練習で、もう大変でした。飲むものだって焼酎ぐらいしかなかったけど、朝鮮戦争が昭和二十五年に始まったら、日本はぐんぐん、みるみる、たちまちビールも飲めるようになった。それは実感としてあるわけです。吾妻橋《あずまばし》のビヤホールですよ（吾妻橋のたもとに、朝日麦酒の吾妻橋工場とビヤホールがあった）。

宮部　一橋も同じような生活していたんですか。

半藤　一橋も、合宿所に泊まっていました。早稲田や明治の合宿所は、僕らのところより、ちょっと川上のほうにあった。

宮部　合宿所が集まっていたんですね。

半藤　それぞれみな艇庫を持っていたんです。慶應は比較的早く、戸田橋のほうにつくっていましたけど。

宮部　今の競艇場のある所ですね。

半藤　でも、試合は向島でやりますから。しかし、オリンピック選考の全日本選手権大会は戸田橋へ行きました。

宮部　一橋との対抗戦で勝ったら先輩が奢《おご》ってくれたとか。吾妻橋でビールをご馳走になったと、半藤さんの本に出てくるのですが。

半藤　あの頃、昭和二十六年ぐらいに、僕ら学生の口にも、ビールが飲めるような時代が来てたんですよ。

宮部　何ビール？
半藤　アサヒビール。
宮部　あ、そうか。地元ですものね。
半藤　それまで僕らが飲みに行くのは焼酎でした。日本酒もあまり飲めなかったですね。ウィスキーは、それこそサントリーのトリスです。「トリスを飲んでハワイへ行こう」ってやつよ。知ってる？
宮部　ありましたね、コマーシャル。
半藤　少し上がオーシャンだよ。もう一つ上が角。もう一つ上が、タヌキなんだ。
宮部　たぬき!?　あ、こういう丸いやつ。
半藤　オールド。
宮部　タヌキって言ったんですか。へーえ、ずんぐりして、まん丸いから？
半藤　それで黒いから。タヌキなんか飲んだことはない。
宮部　ダルマのことですね。
半藤　オリンピックに日本が参加できると分かったのは、さっきも言いましたが、昭和二十六年の春なんですよ。
宮部　前年ですね。
半藤　くり返しますが、ＩＯＣが日本とドイツの参加を認めると通知を寄こしたんです。それで日本は、オリンピックに出られるというので、その年に各競技団体とも代表選手を急いで選考するわけです。ところが、今と違いますから、国家はそんなにカネを出す余裕がない。

宮部　スポーツ振興などしている余裕はなかったでしょうね、きっと。

半藤　だから厳選しまして。ボートの場合は日本漕艇協会が相談をして、とにかく今度の全日本選手権で勝ったクルーをオリンピックに代表として持って行く。ただし、エイトだけ。フォアとかスカールとか何かありますけど、今回はエイトだけと決めて、おカネは、勝った大学が半分持つんじゃなかったかな。それで僕らは、ようし、オリンピックに行けるというので……。

宮部　やる気になりますよね。

半藤　やる気になって、どこの大学もそうでしょうけど、かなり力を入れてね。だから、ものすごく向上したんですよね、大学のボート部のレベルが。それに食い物にも余裕ができてきたし。

でも、私たち東大のクルーは本当に強かったんです。断トツに強かったんですよ。コーチが鉱山会社の、もちろん東大出の、鉱山会社の役員か何か。このときは、朝鮮戦争が始まっていますから……。

宮部　昭和二十六年ですものね。

半藤　日本はどんどん、石炭だろうが鉄だろうが、ありとあらゆるものが、アメリカの要求によって、増産、増産で、無茶苦茶に忙しいんですよね。

宮部　いわゆる朝鮮特需のとき。

半藤　特需、特需で、ものすごく忙しい。だからコーチが川に来ないんですよ。

宮部　ハッハハハ。そうか。

半藤　コーチが来られなくなっちゃったので、われわれ自主的にやりだしたんです。でもやっぱり、自主的にやるってのはダメなんですね。猛練習さえすればいいと思っていたら、どんどん目方（体重）が落ちていっちゃったんですよ。

宮部　なるほど。そこそこ体重がないとダメなんだ。

半藤　猛練習をつづけたら落ちるに決まっているんですけど。体重のグラフが全員右下がりになっちゃったんです。それでもかまわず猛練習。

　ふつうはこのグラフをコーチが見て、レースが何月何日と決まっているので、その何日前ぐらいから、どういうふうに練習量を軽くしながら、体力と体重を取り戻すかというのを考えるわけです。それを指示するのがコーチの大事なところなんですよね。でもやっている選手はその調整が分からないんです。

宮部　練習すればいいってもんじゃないんですね。

半藤　体重が落ちているのは分かっていたんです。ばかみたいに猛練習ばかりしているから。でもいくらやってもピッチが上がらない。体力が下がっていたんですよ。

宮部 ああ……。

半藤 九月に入って、レースの四、五日前になったらコーチが出て来て、これは大変だというので練習量をバーッと軽くしたんです。

宮部 こんなに落ちちゃ大変だ、と。

半藤 だけど、間に合わなかったね。体力がどん底になっちゃって、少ぅし上がりだしたとき九日のレースになっちゃったんですよ。

宮部 ピークを合わせることができなかったんですね。

半藤 それで我々はレースに臨んだのですが、自信ありましたから勝つと思っていましたよ。レースは戸田コースでやるわけです。僕らの艇庫は向島にあるから、遠征なんですよ。

宮部 はるばると試合をしに行くわけですね。

半藤 戸田橋の艇庫は、大倉高商（現・東京経済大）の艇庫を借りていた。合宿所は近所の空いている家を借りて、そこへ泊まって。そういう状況で、体力が落ちていって、上げなきゃならないときに、環境も悪かったんですよ。

宮部 いわゆるアウェイの試合になったんですね。

半藤 慶應は自分の艇庫が戸田コースにあるから……。

宮部　完全にホームですもんね。いつも食べ慣れているものを食べられますし。
半藤　そうです。それにレースの前々日ぐらいにダーッと、スパイを置くんですよ。
宮部　えーっ!?
半藤　岸辺に。それで東大の練習を見る。ストップ・ウォッチをもって。
宮部　観察するんだ。先乗りスコアラーみたい。
半藤　すっかりデータを取るわけです。僕らはクソ真面目にやっているだけなんですよね。千メートルを来たら必ずスパート二十本やって。スパートってのはピッチ上げてね。ここで敵を抜いて、それからコンスタント・ピッチにおろして、またラスト三十本、なんてことを真面目にやって。スパイがいるからって、ダマす、臨機応変ってこと知らなかった（笑）。
宮部　本当に真面目に練習しちゃったんですね。
半藤　慶應はそれを全部スパイして取ったんですよ。そうすると東大は真ん中でスパート二十本やって、そのあとガクッと艇速が落ちることを、やつらは発見したんですね（笑）。
宮部　こちらはひたすら練習して、ともかくその日に備えてたら。
半藤　結果的には、慶應がすごい作戦を練ってきたんです。玉砕戦法ですけどね。東大が千メートル行くとスパートを二十本やる。そのあとコンスタントに戻ったとき、慶應はスパートをかけて、そのまま最後までスパートで行っちゃうと。ペースおとさずに。

宮部　うわあ！　普通そんなことしちゃいけないんでしょう？

半藤　いや、何やったっていいんですけどね（笑）。ただ、そんなことをやったら息が切れちゃって、普通は体力が続かないんです。が、慶應はしかし、続いたんですね。やつらは金持のセガレが多いからうまいものをたっぷり食っていた（笑）。

宮部　ぶっつけ本番で、そのときはともかく漕げと。

半藤　私たちがゆったりと漕いでいるうちに、慶應は猛ピッチでどんどん先に出て行くじゃないですか。一艇身ぐらい抜かれたんですよ。私は二番手《にばんしゅ》でトップのほうに座っているから、漕いでいると目の先に慶應の艇の舵が見えるわけですよ。抜かれちゃうのを「水が空く」と言うんですがね。「おい、水が空くかもしンねえぞ」と怒鳴って、「この辺でスパートかけないと」と言ったんだけど、ダメなんですよ、ラスト三十本で抜き返せるという妙な自信があったんですね。ラスト近くになったときグッグッと追いついてゆきました。グッグッと、敵のラダー（舵）がどんどん下がっていってね。敵のやつら……。

宮部　ずっと漕ぎっぱなしですからね。

半藤　どんどん下がって、「これは抜けるぞ」と思ったけど……。あと十メートルあれば抜き返しましたね。追い付いて、まさに並ぼうとした瞬間に慶應クルーが三十センチ、いや五十センチさきにゴールインしちゃったんだ（笑）。

宮部　なるほどねえ。

半藤　ほんとに無念でしたよ、あれは。決勝は慶應と一橋と東大だったかな。

宮部　予選もあったんですか。

半藤　もちろん予選、準決勝。ボートは敗者復活戦というのがありましてね。予選で敗けても敗者復活戦をやって、それで勝つと生き返ってくる。

　かつてオリンピックで、わざわざ敗けて敗者復活戦に回って、弱いところを相手にして準決勝に出て行って、決勝でとうとう優勝しちゃったというのが、ドイツのクルーか何かであった。

宮部　それもまあ作戦ですけど……。

半藤　でも、一ぺん多く漕ぐから、あんまりね。

宮部　でも、すごいなあ。

半藤　それでオリンピックに行けなかった。ああ、また残念感がこみあげてくる。

宮部　五十センチの差で（笑）。残念でしたね。昭和二十七年の夏、七月のヘルシンキ・オリンピック。

半藤　そんなの思いだしたくもない。ああ、残念きわまりない。

宮部 そのときが最後のチャンスだった。

半藤 そうなんです。

宮部 その前の昭和二十三年のロンドンは、まだ出ちゃいけないと言われていたのだから、ついこの間のロンドン・オリンピック（二〇一二年）に日本がちゃんと選手団を送れたというのは、歴史的にしみじみと意義深いことだったんですね。

半藤 昭和十五年にも東京オリンピックと決まっていたのですが、日本は日中戦争を始めていて、とてもオリンピックどころじゃないと、辞退したんです。

宮部 日中戦争をしていたので国際的な立場が悪くなって出られなくなったと私は思っていたのですが、辞退したんですか。

半藤 それでヘルシンキ、ということになったんです。しかしヨーロッパでもヒトラーのドイツ軍が攻撃を開始して戦争が起きちゃったので、昭和十五年はヘルシンキ・オリンピックじたいが中止になったんです。

宮部 そこで一回、飛んでいるんですね。

半藤 昭和十九年がロンドンですが、十九年は、ヨーロッパもそれどころじゃないですよ。

宮部 焼け野原ですものね。

半藤 だからオリンピックは二回飛んだんですよ。

宮部　なるほどね。

半藤　戦争が終わるとロンドンがもう一ぺん生き返って、昭和二十三年にやると。二十七年も、戦前に引き受けたヘルシンキにどうしてもやってもらおうというので、もう決まっていたんですね。

宮部　ずれ込んだんですね。

半藤　だから、もう待ちに待ったオリンピックだったんです、戦後のロンドン・オリンピックは。ところが残念ながら日本は参加を拒否された。だから日本のスポーツをやっている人たちにとって、ヘルシンキ・オリンピックは、やっと国際社会に日本も参加できるということで、大喜びだったんですよ。だから、僕たちもどうしても出ようと。

宮部　それが五十センチの差で（笑）。

半藤　ああ、五十センチ（笑）。むこうに言わせると「いや、二メートルあった」。

宮部　五十センチから二メートルの差。でも、二メートルって、エイトだったら多分、一と漕ぎですよね。

半藤　一と漕ぎ。もう少し先があったらパッと抜いたんですよ。

宮部　一と漕ぎのタイミングが違ったら、オリンピックに出ていたかもしれない。

半藤　ところが、慶應は残念ながら、お金がなかったらしいんです、エイトで出られなくてフォアで行ったのです。

宮部 フォアというのは、四人漕ぎ。

半藤 コックス（舵手）を入れて五人ですね。エイトとはぜんぜん違いますよ。

宮部 漕ぐ力が半減するんですものね。体格で負けちゃいますね。

半藤 もう全然。日本がフォアで勝つはずないんです。結局、惨敗も惨敗ですがね。でもそんな結果はどうでもよろしい。オリンピックは出場することに意義があるのだから（笑）。ヘルシンキ・オリンピックというのは、歴史的には、戦後日本がひとつの国際的復帰をした、喜びのときなんですよ。

宮部 戦争が終わって、もちろん、それぞれの国と国交を回復すること、いろんな通商条約を結ぶことが、まず国際的には大切なことだけど、私たち一般国民のレベルでは、オリンピックに出られるようになったということが……。

半藤 すごく大きなことでしたよ。

宮部 国際社会にまた歓迎してもらえたって、とてもわかりやすい証《あかし》ですよね。

半藤 やっと復帰できたか、ということですから。初めのロンドンのときは、戦争犯罪人ということじゃないけども、国家そのものが世界に認めてもらっていないんだな、というのを当時の日本人はしみじみと思ったんです。

宮部 敗戦国であるし、戦争責任を問われる国になってしまったということですね。

半藤 日本は世界に大きな顔ができないんだな、という思いがありましたから。その後「よし。もういいよ」ということになったときは喜んだのだけどね。もう戦犯国じゃないんだと。

宮部 初めて誘致するところなんかは、オリンピックを開催できるほどの国です、というのは一つのステータスでしょうからね。

半藤 ものすごいステータスですよ。独立したばかりの国なんてのは、オリンピックに出られるというだけでもすごいステータスですよ。

ヒトラーのベルリン・オリンピックが、国威発揚であるというかたちに使われたでしょう。金メダルの多いほうが強国なんだと。今でも、あの流れはずっとありますよね。

宮部 今、ニュース番組などでも、金メダルが多い国順といって紹介したりしますけど、あれはどうなのかなと思います。そもそもが、まず参加して、沢山の国がそのとき一堂に会するスポーツの祭典ということに意味があるわけだから。

その思い入れの、このときは届かなかったヘルシンキ、半藤さん、ご旅行でいらしたことないですか?

半藤 一ぺん行こうかと思うんですが。ほんとに小さい町だそうです。東京が昭和十五年に戦争のため辞退したとき、ヘルシンキは引き受けるという男気を出したわけですね。無理してもやりますと。

宮部 オリンピックの歴史を教科書で教わることないもんな。クイズ番組でありそうですよね。太平洋戦争敗戦後、日本が最初に参加できたオリンピックはどこで開催された第何回のオリンピックだったでしょう。

半藤 年表にも、戦後日本がやっと出たなんて全然、書いてないね。あんなに胸を張った出来事だったのに。冷たいねえ（笑）。

――石井庄八がレスリングで金メダルを獲っています。

宮部 えっ、金メダルを獲っている。やっぱりレスリングはずっと強いんだなー。

半藤 陸上は、人間機関車、ザトペックが出たときだね。

宮部 陸上競技ですね。ザトペック走法とか言いますよね。〔2〕

半藤 水泳は橋爪四郎が残念ながら銀メダルなんだね。

宮部 でも、銀メダル、立派なものですよね。競泳八〇〇メートルリレーや、北野祐秀さんもレスリングで銀メダルとっています。

半藤 古橋はダメだったけど。上迫忠夫、竹本正男も、体操で銀メダル。

宮部 すごいですよね。その直前、朝鮮特需で日本の景気が持ちなおすまでは、国じゅう食うや食わずだったわけですもの。

半藤 ほんとに腹っぺらしで行ってるんでしょうな、みんな。

宮部　おコメばっかりで、半藤さんたちも、たまにトンカツが出ると、のんびりお風呂に入っていられないぐらいだったのに（笑）。

オリンピックと人生

宮部　もしオリンピックに出ていたら、その後の人生、変わっちゃったろうなと思いますか。

半藤　変わったかもしれない。いい気になる質《たち》だから。

宮部　ボート競技の指導者になっちゃうということがあったかもしれないですね。

半藤　指導者にはならなくとも、今と別な道を歩んだかもしれないな。わざと落第してもう一年漕いだりして。

宮部　だから、後世のためにはよかったんじゃないですか、と言ってしまおう。歴史探偵が一人欠けちゃって、寂しくなるところでしたから。それこそ歴史の意志かもしれない。

半藤　まあ、敗けたことがその後のわが人生にはよかった、そう思わなくちゃね。

宮部　でも、今のお話だけでも、いかに朝鮮戦争が戦後の日本の大きな節目か、ということがよく分かります。

半藤　ほんとうにそうなんですよ。非常に大事なところでね。でもそのことはあまり言いませんけど。なぜ言わないかというと、朝鮮にわるいじゃない。

宮部 お隣りの国では戦争しているわけですものね。

半藤 民族同士が戦っているんでしょう？ こっちは対岸の火事を見ているよりも、それで国家が儲けているんだから。

私はボートを漕いでいたからよく分かるんです。隅田川の今の蔵前橋の、蔵前国技館が出来る前のことです。国技館ができる前は、蔵前工業学校の焼跡なんです。何もない所に、空襲で焼かれた東京じゅうの焼けトタンが山のように積まれていたんですよ。

宮部 うわぁ……。

半藤 私たちは積まれたままの焼けトタンを見ながら川を漕いでいて、これ、どうするのかね、どうしようもないだろう、なんて話してた。それが朝鮮戦争の始まった翌々日ぐらいに、もうなんにもなくなっちゃった。というぐらいに、あらゆるものを戦争に動員しなくてはならなかった。アメリカ軍は物資をアメリカから持って来ると時間がかかって大変ですから、とにかく日本で徴収しようというのでガンガンやったからね。

宮部 いわば国全体が朝鮮戦争のときは米軍基地のようであり、補給庫のように機能したんですね。

お化け煙突。この写真では3本に見えるが本当は4本。

半藤　それはボートを漕いでいても、周りの風景がどんどん変化していくから、よく分かりましたよ。

宮部　水の上から定点観測ですね。

半藤　そして隅田川が、なんと、どんどん汚くなりました。

宮部　わあ……。

半藤　川上のほうの、尾久とかあの辺の、終戦でとまっていた工場が全部、動き始めたからね。

宮部　有名な「お化け煙突」は、日活映画に出て来ますね。

半藤　あれは石炭で電力をつくっていたところですよ。

宮部　発電所のね。昔は教科書にも載っていました。東京電力の火力発電所の、お化け煙突。見る方向によって本数が変わる。

半藤 あれは本当にお化けなんです。隅田川でボートを漕いでいると、漕いでいる距離と角度によって三本に見えたり、二本に見えたり、四本に見えたり。うまいところへ行くと一本になっちゃうんです。

宮部 重なって一本に。

半藤 全部重なっちゃって。まあ、ちょっと凸凹した一本だけどね。だから、お化け煙突という。あの煙突から煙がもうもうと、昭和二十五年、朝鮮戦争が始まったときはほんとうにすごかった。あのへんからぼんぼん汚水を川に流します。当時の日本というのは、そういうとき環境問題なんて考えないからねえ。

宮部 いや、ほんとですよ。そこから戦後の復興が始まって、のちの高度経済成長にもつながるんですけど、環境汚染も始まった。隅田川がどんどん汚くなっていったというのは想像がつきます。私が知っている子供の頃の隅田川って、コールタールみたいな色でしたから。

半藤 僕らが隅田川で艇を漕ぎだしたときは、きれいだった。魚が見えるぐらいきれいですから。漕いでいるとポーンと艇の中へ飛び込んで来るんですよ。

宮部 ボラとかハゼとか、いたでしょうからね。

半藤 それがあっというまに全部いなくなりましたからね。逆に、何が出来たかというと、我々はときどき川の水を頭から浴びますから、ケツの下に水が入るわけね、練習していると。そんなもの拭いている暇はないから、そのまま、おケツが擦《す》り剝《む》けると、そこに出来物……。

宮部　要するに、化学物質が入っているから。

半藤　バイ菌が入って。「噴火」と言ってました。医学部の奴がいるからおケツの噴火口にペニシリンを打ってもらうんですよ。でも、癒《なお》りませんでしたなあ。痛いの痛くないのといったらもう悲鳴がでるくらい。昭和二十七年ぐらいから、魚がいなくなり、同時に我々のお尻に出来物。フルンケルともいいましたね。

宮部　どのくらいの期間で、それだけ変わったんですか。

半藤　昭和二十六年から二十七、それからずっと、ボートの選手はどこの大学のやつもみんなケツがきったねえんだ。

宮部　じゃモテませんね(笑)。

半藤　銭湯でゴシゴシ洗って相当清潔にしているつもりだけど、ダメですね。そのぐらい汚くなったんですよ。それはもう、まさに朝鮮戦争の……。

宮部　戦後の大きな節目ですね。

〔1〕「法隆寺も平等院も焼けてしまって一向に困らぬ。必要ならば、法隆寺をとり壊して停車場をつくるがいい。我が民族の光輝ある文化や伝統は、そのことに

よって決して亡びはしないのである。」（坂口安吾『日本文化私観』）

〔2〕エミール・ザトペック（一九二二〜二〇〇〇）。チェコの陸上選手。顔をしかめ、喘ぎながら走るスタイルから「人間機関車」と称された。

8 第五福竜丸事件と『ゴジラ』

昭和二十九年三月一日／十一月三日

ゴジラとは何か

宮部　戦後の日本人の心象風景が、ゴジラという怪獣になったんだなって、私は思うんです。

ゴジラは、いろんなものに譬《たと》えられますよね。核戦争の恐怖にも譬えられるし、世界唯一の被爆国日本の、被ばくの苦しみと恐怖の象徴でもあるし、最近の自然災害にも譬えられるし、抗《あらが》うことのできない強大な力という意味で、荒ぶる神にも譬えられる。

でも、昭和史をずっとたどっていくと、戦後の昭和二十九（一九五四）年というときにゴジラが出現したことが、日本人の、譬えるに譬えきれない何かを表しているんじゃないか、と思うことがあるんです。

自分たちの国は滅びる寸前まで行った。よその国にも多大な被害を与えた。いろんな真っ黒いもの、恐ろしかったこと、辛かったこと、飢え死に寸前になった恐怖、戦わなければならなかった恐怖、人を殺さなければならなかった恐怖、後悔とか罪悪感とか、そういうものが全部まとまって、本多猪四郎《いしろう》監督と円谷《つぶらや》英二特撮監督の手で、ゴジラという怪獣になったんじゃないか。

だから、このときの『ゴジラ』は二度と作れないんですよね。そのあと出来たゴジラはみんな、正義の味方だったり、逆に分かりやすい悪者だったり。

半藤 分かるようになったんですよね。

宮部 ちょっと人間っぽかったり、いかにも作り物の怪獣だったりするんです。でも、最初のゴジラだけは、「本物」だというか。

半藤 何の目的があって日本上陸したのか、と思うよね。

宮部 どうして日本に来たのか。どうしてあのとき日本人がゴジラを作らなければならなかったのか。

——どうしてだと思いますか。

宮部 私はやっぱりね、恐ろしかったこととか、悲しみとか怒りとか罪悪感とかを、「ゴジラ」という形で一回、吐き出したんじゃないかと思うんです。

半藤 今でも成城の東宝の撮影所へ行くとゴジラがいるんだよね。こんなものをよく昭和二十九年に考えたなと思いました。

宮部 よく作りましたよね。おっかなかったこと、哀しかったこと、辛かったこと、そういうものを一つの形にして客観視できるようにしたい。そうしないと戦災の後、経済的な復興だけでは心が立ち直れない——という集合無意識が、あるとき本多猪四郎と円谷英二の中にふっと宿って、この「ゴジラ」というものを作ってくれたんじゃないかな、という気がするんですよ。

それは多分、私のいかにも小説家的な解釈なのだと思うんですけど、私はリアルタイムに昭和二十九年の『ゴジラ』を観ていないので、子供の頃にテレビで観て、そのときはよく分からなかった部分があるんですよね。

すべての恐ろしかったこと、怖かったこと、もちろん、被爆国である日本はいちばん核の恐怖を知っているから、未来の核に対する恐怖も、そういうものが全部「ゴジラ」になって、このとき、一回、日本人の心から外に出たんじゃないかと思う。そしてそれが、客観視できる怪獣としてスクリーンの中に現われた。神様になって神社に祀《まつ》られるとかじゃなくて、鎮魂され、畏怖され、慰撫《いぶ》されるべきものが、いきなり映画のスクリーンに映された、非常に珍しいケースなんじゃないかと思うんですよ。

半藤　宮部さんの文学者らしいすばらしい見方だね。映画の直前にビキニの水爆実験にやられた「第五福竜丸」が焼津港に入港した。最初に言いましたが、あのとき私は「文藝春秋」の記者で、焼津へ行きました。

「文藝春秋」で半藤氏が取材した第五福竜丸と焼津の人々。

宮部　取材にいらしたんですね。

半藤　その年に亡くなる久保山愛吉さんにも会って、談話を取ったりしています。

宮部　無線長さんですね。

半藤　私が取った談話は、「爆発から三時間もすると粉のような灰が船体に一面に降りかかった。その晩は飯も食えず、酒をのんでも酔わなかった。三日目には灰のかかった皮膚が日焼けしたように黒ずみ、十日ぐらいたってから水ぶくれの症状になった。頭痛と吐き気とやけどと下痢で、みんなひどかった」と。さらに「この苦しみはオレ一人でたくさんだ」と。私が焼津に行ったのは三月十四日ですから、三月十五日頃に聞いているんだよね。映画でゴジラが日本に上陸したのは、その年の八月十三日なんです。

宮部　わあ……そうですね。

半藤　しかもゴジラは、アメリカがやった水爆実験で目が覚めたという設定になっている。ポスター（写真）を見ると、「水爆大怪獣」だ。

宮部　実験で揺り起こされた。太古の恐竜の生き残りという設定なんですね。

半藤　私が焼津へ行ったとき、「原子力の平和利用」というような、核の利用をPRする言葉がマスコミなどでもう始まっていました。

宮部　もう始まっていたんですか、この時点で。

半藤「原子力の平和利用」というアピールは新聞が盛んにやりだしたのを知っていましたが、原子力というものは平和利用できると、その頃は、私はありうるんだなと思っていました。今の原発問題を考えるときに、私は昔、信じたんだよな、と思うときがあるんですよ。

ところが、福竜丸を見に行って実際、死の灰をかぶった人たちの姿を見たら……。福竜丸の被ばくというのは、アメリカが水爆実験をするからこの海域に入っちゃいかんという区域内にいたなら話は別ですが、ずっと外にいたんですよ。

宮部　それなのに、死の灰を浴びてしまった。

半藤　そこで福竜丸みたいな事件が起きるということは、つまり実験するアメリカですら核の威力が分かっていない、つまり原子力は制御できないのだと。そのこと

『ゴジラ』公開時のポスター。「水爆大怪獣」とある。©TOHO CO.,LTD

をハッキリ示したものでもあるんです。

宮部　ですよね。

半藤　今の言葉でいうと人類にとって「想定外」の事件なんだ。

宮部　まさに想定外ですよね。風向きが、とか。

半藤　そうすると、核の力というのは、人間が制御できねえんじゃねえかと、この事件のとき思った。人間が制御できない核の力というものを、具体的に表したのが『ゴジラ』だと。

宮部　なるほど。

半藤　私は『ゴジラ』の映画をその時点で観ています。何のために日本へ上陸したのか、考えました。日本人がいちばん核の被害を知っている、核の恐ろしさを知っている、その日本人にまず、もう一ぺん「それ」

を見せてやるのだと。

宮部　思い出させるというかね。平和利用なんか出来ないぞ、と。

半藤　平和利用なんかできねえって。「平和利用」という言葉にだまされるな。お前たち、分かっているのかって。

宮部　こんなものは制御できないぞ、と。

半藤　人類が制御できない、そういう恐ろしさだ、いまに東京も……。まさに第二のヒロシマだよね、ゴジラの通った跡は。

宮部　だって、あのカーッと吐くのは……。

半藤　放射能だものね。

宮部　当時のインタビューを読むと、映画はすごい数の人が関わるので、いろんな考え方があったみたいですけど、核に対する恐怖というテーマは共通してあったようです。だからこそ水爆実験で起きたゴジラが放射能を吐くという設定になっている。でも、イデオロギーありきで作られた映画ではない。だから、みんな観たわけですよね。

半藤　とにかく驚天動地だったからね、映画そのものは。イデオロギーなんて関係ない。

宮部　問答無用に、その当時の人たちの心臓の、ど真ん中をつかむものだったんじゃないでしょうか。恐ろしいものであり、恐ろしいけど見てみたいもの。恐ろしいものが、もやもや恐ろしいんじゃなくて、はっきり見えて、しかも結末がつきますよね、映画だから。結末を観たいじゃないですか、映画館へ行って。このゴジラ、どうなるんだろうって。どういう結末がつくのだろうと。

半藤　つまりは、人類の結末がどうなるのか。もう一つは、私らみたいに戦争中の廃墟を知っている人間から言わせると、ゴジラが東京に上陸したときと焼野原と、そうなる前の東京の風景がよく出ているんですよ。それは、やっと復興して、銀座でも何でも……。

宮部　にぎやかになってきた。

半藤　要するに戦後日本があそこにあるんですよ。それが木《こ》っ端《ぱ》みじんになるんだよね。俺たち復興で一生懸命やっているのに、こんなふうに簡単にまた元へ戻っちゃうのか、と。

宮部　なんだろう？　その感じは。

半藤　戦争中そうだったものね。焼け跡で私は「絶対」という言葉を二度と使わないと思ったけど、ほんとに、またここでも絶対はないんだと。一生懸命に復興してきた人間の努力というのが、バーン！　と……。

宮部　ゴジラがバンと壊してしまうかもしれない。

半藤　あのニヒリズムは衝撃的でしたね。
宮部　映画監督で脚本家の高橋洋さんが『映画の生体解剖』という対談集の中で語っておられるのですが、一九五九年生まれの高橋さんが小学校低学年のとき、学校で、みんなで映画館へ行って映画を観た。何を観たかは覚えてないんだけど、さあ帰りましょうというときに、『ゴジラ』の予告編が始まったんだそうです。そうすると子供たちが、みんな足をとめて振り返ってしまう。
半藤　うーん。
宮部　東宝のマークに、ずしんずしんという足音だけが響く、すごいインパクトのある予告編だったそうですね。子供たちは怖くって、あっちこっちで泣き声があがる。先生は慌てて生徒たちを外へ連れ出そうとする。でも、泣いてる子供たちは、泣きながらも予告編が観たくて観たくてしょうがなかったんだ、と。
　だからやっぱり、それぐらい心を揺さぶるものだったんじゃないですかね。今、観たって、すごいですもんね。音楽もすごいし。
半藤　人間の努力というものが、一生懸命ということが、いかに儚《はかな》いものであるか、という衝撃だったね。
宮部　この映画は残さなきゃいけないと思うんですよ。戦争体験があって戦後にご覧になっている半藤さんの世代や、戦争体験がなくて観ている私たちとか、ハリウ

ゴジラの生みの親、円谷英二特撮監督と。昭和40年撮影。

ッドリメイクを観て初めて「あ、ゴジラはそもそもは日本映画なんだ」と知ったという人たちまで、ずうっと観続けなきゃならない映画だと思いますね。

――これが大事件になる理由を、一言で。

宮部　その後、いっぱいゴジラ映画が作られましたけど、本物の『ゴジラ』はこれだけだし、このときの社会、国の状態、日本人の心の持ちようがなかったら出現しなかった存在だと思います。そこが事件だということです。

半藤　一つだけ面白いなと思うのは、皇居を壊していないことなんですね。昭和二十九年頃の日本人の心のありようは、天皇を大事にしたいということだったのかなあと……きっとそうなんでしょうね。

宮部　そうですね。あともう一つ、あんな怖い『ゴジラ』はあのときだけで、その後、少なくとも現在までは同じものを作れずに済んできたことは、この国にとって幸いだったんだと思いますよ。

半藤　それについてもいまの日本、原発再稼働だなんて、よくもぬけぬけといえるものですね。『ゴジラ』の教訓を学ぼうとはしない。懲りない民族ですね。

〔文庫版追記・宮部〕

二〇一六年の『シン・ゴジラ』は傑作だと思いますし、あのゴジラはやっぱり大きな自然災害に対する今の私たちの恐怖や、未来への不安を象徴する存在なのだと思います。

⑨ 高度経済成長と事件――公害問題・安保騒動・新幹線開業

昭和二十八年頃〜

水俣病

宮部　これは、高度経済成長のプレ期から成長が終わるまで、常について回った問題ですが、大きく報道されるようになったのはずいぶん遅いんですね。ほとんど訴訟が起こってからなので、その土地にいない人間にはあまり知られていなかったというのが、まず、悲劇だと思うのです。

私はずっと東京の下町にいて、京浜工業地帯は近いですし、スモッグもすごかったし、小学校では光化学スモッグで校庭に出られなかったときもありましたし、さっきの半藤さんのお話のように、川は汚かったですしね。私が子供の頃は隅田川にしろ、横十間川《よこじっけん》や小名木川《おなぎ》にしろ、みんな真っ黒のコールタールみたいで、メタンガスのようなものが湧いていましたから。橋を渡るとき、あ、臭い、って思う。それが当たり前でした。

半藤　そうでしたね。メタンガスがぷかぷかと川の底から。

宮部　忘れられないのは、小学校の体育館で水俣《みなまた》病の記録映画を観たんです。最初は、猫がまっすぐに歩けなくなるところからね。ほんとうに恐ろしかったです。こういう被害の出ている場所があるんだということを知って驚きました。

半藤　昭和二十八（一九五三）年頃と宮部さんはリストに書いているけど、水俣病ですと認定されたのが昭和四十三年ぐらいか。

宮部　認定まですごく時間かかっているんですね。

半藤　昭和三十年代以前に公害病がすでに始まっている。ただ、日本の高度経済成長というと、何となしに六〇年安保の前後から始まったように考えられますが、じつは戦後に朝鮮戦争で大金持ちが儲けて、途端に、もう高度成長は始まっていたんです。

宮部　助走段階ですよね。

半藤　日本の三大公害と言われているものがそんなに早く始まっているということは、もうすでに高度経済成長とそのひずみへの助走が始まっていたということ。「もはや戦後ではない」と言われたのが昭和三十一年。その年の『経済白書』に書かれていた言葉なのです。つまり戦後ではないと言えるほど経済成長が始まっていたということです。と同時に、公害も。

宮部　それだけ国力がついてきたということ。その一方で、こういうことが起きていたと。

半藤 私たちは昭和史をやると政治的な問題ばかりしか扱わないけど、ほんとうはこのへんから戦後日本が変わっていったんですね。

まず、風景が変わりだした。どういうふうに変わっていったか。海岸線に、しかも太平洋の海岸線に、ぼんぼん大工場を建てたんですよ。

宮部 まるで壁をめぐらせてゆくみたいに。

半藤 製鉄所が堺と君津、名古屋と鶴崎、水島、和歌山と鹿島、福山と扇島、加古《かこ》川《がわ》。石油コンビナートは徳山、岩国と五井、新居浜《にいはま》と広島、水島と四日市、根岸と川崎、というふうにダーッと太平洋側の海岸線に出来た。大型の船舶でどんどん原料を海外から持って来るのに、都合のいい所にしたわけですね、輸送コストが低いから。ここから全然違う戦後日本の風景が始まったのですよ。

ところが、私たちは日本再建のためにという国家目標のもとに一生懸命だった。当時の私も一生懸命だった。労働力が足りなくなると、「金の卵」といって、どんどん地方から引っぱってきて。

要するに、私たちは一生懸命、国家を豊かにしようということで走ったけども、解決しておかねばならない大事なことを解決しておこうとは全然、思ってもなかったということなんです。

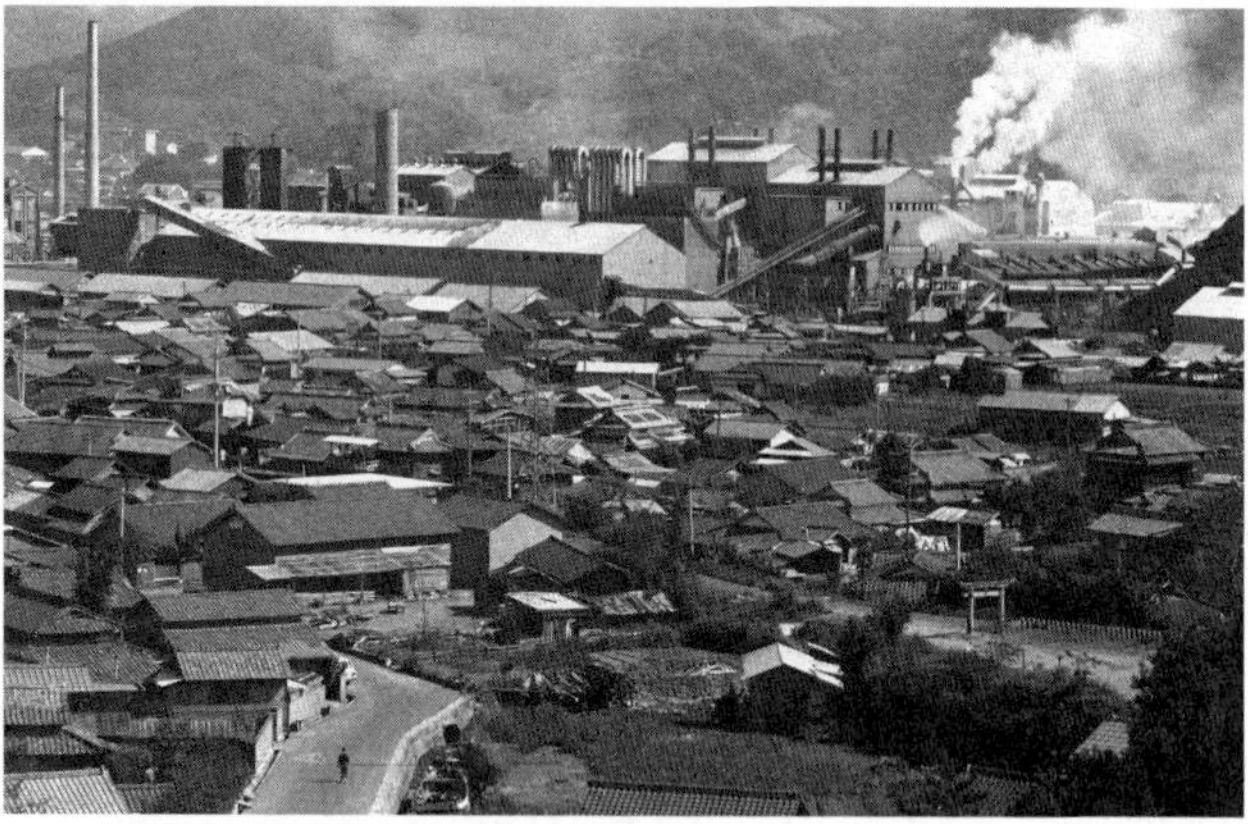
チッソ工場と水俣の町。昭和46年撮影。

宮部　川に流して、海に流したら、何でも全部きれいになると思っていたんですかね。

半藤　すべて太平洋に流し出されていって、きれいになると思っていた。

宮部　完全にイノセントにそう思っていたんでしょうか。

半藤　思っていたと思いますよ。だから公害問題とか環境問題とか、そういうものには目もくれなかったんですよ。

宮部　知識もなかったのでしょうか。

半藤　なかったのかもしれません。

宮部　昭和三十五年生まれの私が、かろうじて、小学校で水俣病の記録映画を見せられるようになったのは、そろそろ、そういう意識が高まってきたからでしょうけども。

半藤　ちょっとこれ、おかしいんじゃねえか？　ということが言われだしたからですよね。でも少なくとも、高度経済成長が始まって、工業地帯がガンガン太平洋沿岸につくりだされていたときは、だれも思っていなかったと思いますよ。

宮部 小学校の社会科の副読本で、日本列島の地図があって、日本の主な工業地帯は「太平洋ベルト地帯」といって、いま半藤さんがおっしゃったような所は、みんな塗りつぶしてありましたね。誇らしげに。

半藤 いや、誇りをもって、自慢たらたらに、なんです。

宮部 もちろん、それで国力が上がったんですけれど、一方では、東京湾もコールタールみたいだった。そうそう、このころ、ゴジラがヘドロから生まれたヘドラという怪物と戦いますよ。ヘドラは、その後の娯楽的なゴジラ映画のシリーズの中でとびきり異色の、怖い怪獣です。

半藤 日本の高度成長とは何だったのかと考えると、まさに三大公害が象徴するような、大事なことを後回しにしちゃって、とにかく繁栄を目指して、大国をめざして、という太平洋戦争中と同じような形でやっちゃったのかな、と。

宮部 配慮がいかないばっかりに、しわ寄せが集中していく人たちが一部にいるということですね。イタイイタイ病にしろ、水俣病にしろ、最初は、風土病じゃないかと思われていたというのは辛すぎます。

当初は、地元では被害を隠さざるをえない人もいたということです。それは二重に悲しいことですね。しかも表面化してからの国の対応も後手後手で、なかなか患者を認定してあげないし。

半藤　またマスコミの対応もデタラメでね。つまり認定の問題、このへんは政治の問題になってくるんだけど。

宮部　どこで線を引くか、という問題ですね。

――「事件」としての水俣病とは。

宮部　どの公害問題もそうなんですけど、まず、症状が出て困っている方たちがいて、それが病気と認識され、原因が何かということを突き止めていくまではもう、命がかかったミステリーなんです。解決しなければならない謎なんですよね。

ようやくその原因がこれでこういうことになっていると分かって、法廷闘争に入ってからまた、それこそ法廷ミステリーみたいになっていく。問題全体のどこまでを司法の場に持って行けるかとか、どこを争点にするかとか。そういう意味で、これはまさに事件なんですよ。いかにもミステリー作家らしい言い方になっちゃうんですけど。

こうして、高度成長一辺倒からさまざまな社会問題が表面化し、こじれてきて、その一方で安保闘争などの社会運動が大きくなりました――ということで、次へ移りましょう。

安保闘争

半藤　ところで、これは私の観察であって、かならずしも押しつけようというわけではないけど、六〇年安保と七〇年安保はかなり違う闘争であったと思うんですよ。つまり、六〇年安保闘争は、ある種の国を憂うる人々が本気になってムキになって政府に対して反対運動を起こしたんですね。七〇年安保は、党や労働組合が指導したイデオロギー的なものだった。

宮部　六〇年安保はこの前、香港で学生さんたちが、香港の自由を守ろう！　と訴えていたみたいな、ある程度、民意が後ろ楯になっている運動。

半藤　ああいうものですよね。ちょっと別の面もあるけど、一応、ああいうこと。でも七〇年安保闘争は改革運動の半面に、一種の遊びのようなものがややあったと思うんだね。見なさいよ、七〇年安保闘争が終わったあとはみんな、いけしゃあしゃあとして、サラリーマンの偉い人になってゆくじゃない。六〇年安保闘争のほうはみんな傷ついているよ。七〇年安保闘争のほうは一種の流行だからワッショイワッショイとやったあと、さっさと日常に戻る。七〇年安保闘争は最終的にあさま山荘事件へと結びつくんだけども……。

宮部　あんな犯罪が起きたのも、流行のせいで、いろんな人が入って来ちゃったか

六〇年安保闘争で国会議事堂前に集結した全学連の学生。

らでしょうか。

半藤　そうです。やったけど上手くいかねえやってサッとやめた人は、ササッとサラリーマンになっちゃってるよ、みんな。

宮部　こじれちゃった人たちが、かえって過激になり、様々な事件を起こしたと……。

半藤　そういう時流に乗れずハミ出した者は、どこのどんな政治闘争でも出てくるんだけどね。

宮部　六〇年安保と七〇年安保は意味合いが違うというのは、大事なことですね。私が生まれた年と、十歳のときの出来事でした。

半藤　一九六八年に五月革命をフランスでやっているでしょう。パリで派手にやりましたね。あれを真似してやったといえる面もある。一種の世界的流行なんだね。

宮部 そのとき沢山の、とくに若い人の心を捉えた現象ですね。

半藤 六〇年安保闘争は戦争そして戦後を引きずっています。それから、嫌な言い方だけど、正義があったんです。

宮部 つまり、この国をどういう国にしようか、という理想を掲げていた。

半藤 そう、どういう国をつくったらいいか、という理想があった。いくらかね。

宮部 六〇年安保のとき、半藤さんは、もう文春にいらしたんですよね。

半藤 もちろんいました。週刊誌の記者をやってました。あのとき文春はまだ、銀座にありましたから。ビルの後ろのほうでやっているんだよね、安保騒動を。我々は「取材に行け」と言われて。今でも憶えていますよ。昭和三十五（一九六〇）年六月十五日、国会議事堂前に見に行きました、夜遅く一時頃。まあ戦場さながらに、まだ煙が棚引いていました。キナ臭い匂いがいっぱいにたちこめていた。

二日後の六月十七日に「週刊文春」の次の号の編集会議をやったとき、「半藤、次のテーマはこれでやってくれ」と紙を渡されて、見たら「デモは終わった。さあ、就職だ！」とある（笑）。ほんとの話なんですよ。いくら何でも、まだ硝煙が棚引いているのに、就職の話はないでしょうって言ったら、いや、現実はそういうものだ、東大に行って見てこいと言う。しょうがないから翌日、東大に取材に行くと、会社説明会を連日やっていた。

宮部　やってたんですか！（笑）

半藤　やってたなんてもんじゃないですよ。学生が山ほど集まって、就職説明会は押すな押すな、ですよ。しかも六月十三日から一週間かけてほとんどの一流企業が交代に、東大の教室を借りて、沢山の学生を集めて。

宮部　へ〜え。

半藤　ああ、この国は、片一方で理想を求めて大騒動やったけど、片一方では現実主義者が沢山いて……。

――それは別の人間なんですかね。

半藤　別の人間でしょうね。多少同じ人間かもしれないけど。

宮部　同じ人間もちょっと入っていたでしょうね。

半藤　入っていたと思いますよ。まったく、「デモは終わった、さあ就活だ」でしたね、あの状況は。

宮部　七〇年の段階？

半藤　いや、六〇年の段階。七〇年の段階は、もっとたくさん入っていますよ。

宮部　終わったら、「じゃ髪切って就活だ」という。

半藤　やっぱりこの国は面白い国で、あのとき岸信介が、「騒いでいる連中は……」。

宮部　「後楽園は今日も満員」だって。

半藤　神の声だと岸はぬけぬけとほざいていたんでしょ。

宮部　サイレント・マジョリティが正しいみたいなね。

半藤　僕なんか、それを聞いたときは、相変わらずとんでもないこと言うなって思いましたけど、実際、デモの終わったあとで取材をしたら学生たちの就職熱は驚くほどでした。「週刊文春」に載っていますよ、私の書いた下手くそな記事が。

宮部　一般国民というのはそういうもの……。うん、私もきっと、その時代に大学生だったらそうしたろうなあ。自民党が結局選挙で勝つのも……次の選挙もきっと勝つんでしょうけど、他に入れたいところがないんですよねえ。もう困っちゃう。原発も、できれば動かしてほしくない。でも「再稼働しないと困る」という地元の人の意見をきくと、そうなのかとも思ってしまう。でもやっぱり、放射能汚染物質の除染が終わらなくて、住み慣れた故郷を離れていなきゃならない人がいると気の毒に、と思う。その間で揺れちゃうんですよね。

イデオロギーをもっとばんばん、前に出せるような国民性ならば……少なくとも私は、自分がイデオロギーを信じることができる人だったら、もうちょっと楽かなと思うんです。もちろん、そんな「楽」はいちばんいけないのですが。

半藤　日本人のトラウマにあるのは、戦争に敗けたときの、食えなかった記憶です。だからイデオロギーよりまず生活になるのでしょうか。

宮部　食べていけない、雨露しのぐ場所もない、という。

半藤　当時の日本人は残らず、みんな食えなかったんだから。トラウマとして残っているんじゃないの？

でも、じつは、六〇年安保のときは、日本の実質GDP成長率が戦後のトップなんですよ。七〇年安保のときは二番目なんですよ。

宮部　そんなに頑張っていたんですね。

半藤　デモの片一方では、高度経済成長まっさかりなんです。

宮部　経済的には今よりよっぽど元気でしたね、きっと。

半藤　逆に、だから暴れる余裕があるんでしょうか、ある意味では。じゃあ、今はどうかといわれると、深刻すぎて暴れるに暴れられないのかもしれない。

宮部　みんな未来が見えなくて不安がっていますからね。

半藤　これは高度成長の表だけど、ピークが六〇年安保と七〇年安保のときなんだよ。日本銀行が出している表だから。

こういう資料を見れば、つまり、安保とかなんとかって言うけど、やっぱり殿様騒動だったのかなあ、って思えてくる。

——七五年ぐらいは、すごく下がっていますね、一時期。

半藤　ガーッと下がっちゃうんだよね。

宮部　ドル・ショックですか。（資料を見ながら）二〇〇九年はひどいなあ。こっちはリーマン・ショックのせいですね。

半藤　今の学生、よくおとなしいと言われるけど、それは違うんだと思う。生活がひどすぎて、そうせざるをえない。

宮部　暴れる元気も出てきません。真面目に一生懸命勉強したって就職できない可能性も高いわけですもんね。

――六〇年安保闘争は歴史的にどのような点で重要だったのでしょうか。

半藤　いや、残念ながら、教訓が何にもないんじゃないですか。あえていえば、戦後のさまざまな憤懣《ふんまん》をすべて吹き飛ばしたいわゆるガス抜き、あるいは〝戦後日本〟のお葬式といえるのかな。葬式をすまして、さあ、新しい日本をつくろうと、そういうことになった。

宮部　こういう時期も通りました、というだけになってしまったということですか。

半藤　もう一つ言えることは、歴史理解としては、あの大騒動があったので、みんなもう、政治騒動はイヤだと思うようになったのでしょう。次の池田内閣が、これからは高度経済成長を唯一の国是として、日本人みんな頑張りましょうと言ったので、国民的意志統合が出来、そっちへみんなワーッと向いちゃった。あの安保騒動がなかったら、国民がいっぺんに同じ方向を向かなかったんじゃないか、というふうに、言おうと思えば言えるけど。

——七〇年はどうですか。

半藤　さっきも言ったとおり、あれは違う。一部にはものすごいイデオロギー闘争。とにかく革命的なイデオロギー闘争の面があるが、全体としてはお祭りと言ったら怒られるかもしれないが。

宮部　若い人たちが国家権力に逆らってみました、という感じですか。

半藤　たとえば、生活のためにとか、そういうせっぱつまった戦いということじゃないでしょう。それで「アカシアの雨にうたれて」なんて歌をみんなして歌ったりして。

宮部　私は当の六〇年生まれなので、六〇年安保は全然わからないし、七〇年安保の頃は小学生でした。七〇年当時のことを思い出してみると、やたらに回覧板とか、交番の前の貼り紙に、ゲバルトの学生、暴力ざたを起こした学生とか、過激派セクトとか赤軍派の手配書が多かったですね。「ゲバ棒」という言葉を初めて覚えたのは、四コマ漫画のサザエさんなんです。出て来ました、ゲバルト学生みたいなのが。それで、「ゲバ棒ってなあに？」って親に聞いて。うちの親なんかも東京の下町だし、身近には感じられなかったですね、そういう思想的な活動は。

半藤　安保闘争のとき下町は関係なかった。まさに対岸の火事でしたね。

宮部　そもそも近所には、大学に通っているお兄さんやお姉さんがいなかった（笑）。過激派も関係ないと思いますねえ。企業爆破事件も丸の内で起きているから、おっかない事件が起こって大変なんだなって、テレビのニュースや新聞を通して知るだけでした。

半藤　それが現実だからね。下町の人たちから見れば。うちも、大騒ぎしているやつはみな裕福なやつがやっていると思ってた。

宮部　隅田川の向こう側の話だからな、っていう感じでした。だからこそ逆に、過激派が下町のアパートなどを借りて潜伏するなんてことは、あったかもしれません。でも、うちのほうの大家さんってだいたい口うるさいから、結局バレたでしょうね。「あんた、なにやってるの」みたいな感じで。「夜中にそんなドタドタ出入りされたら、うるさくてしょうがないわよ」とかって言う人、いっぱいいましたからね。

——過激派は下町に似合わない、というのが結論でしょうか。

宮部　うん。あんまり関係なかったかな。新宿騒乱事件といったって、新宿も、うちから遠いですし。

半藤　新宿ばかりでなくて、司馬遼太郎さんが言っていたけど、六〇年安保、七〇年安保、って東京から来るやつはみんな言うけど、大阪は関係あらへんわって。京都はやっているよね。でも、大阪は関係あらへんわって。大阪はそんなことより、儲かりまっかだよ、って。

宮部　日本列島は南北に長いし、東京は東西に広い。意識の差があったということですね。

新幹線開業

半藤　高度経済成長の事件と言えばやっぱり新幹線と東京オリンピック（ともに昭和三十九年）じゃないですか。

宮部　これはやはりね。

半藤　これで日本が狭くなったもの。でも、新幹線は、ああいうものがつくれるのは戦争があったからだって、私なんかすぐに思ってしまうんですな。

宮部　技術が？

半藤　流線型の形は零式戦闘機の……。つまり日本が、あの時点であああいうすごい列車をつくれたということは、戦争の遺産が全部、注ぎこまれたと。技術がすべて使われたと。

宮部　先日、「プロジェクトX」の再放送で、まさに新幹線開発に挑んだ男たちのストーリーをやっていたんです。メインの方の一人が、戦争中は特攻機をつくっていた方でした。自分の設計した飛行機で沢山の若い人たちが命を散らした、自分は生き残った、ということをずっと抱えていた。そういう人が新幹線をつくるのに携わっていたんだと。

半藤　ある意味では、戦争の総決算をやったんですよ、新幹線でね。目黒に防衛研究所がありますね（平成二十八年、新宿区に移転）、今でもあそこに残っていると思いますけど、零式戦闘機のデザインの風洞実験をした建物があるのです。一説に戦艦大和の四十六センチ砲の砲弾実験のためのもの、ともいわれていますが。いずれにしても、高速のための実験棟が残っているはずです。

宮部　気流の流れを実験するんですね。

半藤　そうです。零戦や大和の大砲での技術が、とにかく新幹線に応用されているんですよ。

宮部　それであの流線型が出来たんですね。

半藤　あの形が決まるまでに、ものすごく戦争のための設備を使ったということです。というより新幹線自体が戦中の弾丸列車のプランからだし。他にもずいぶんあるんですよ。レンズなどね。いろんなところで、戦争中の遺産を利用した。戦争は沢山の人が死んで、無残この上ない悲劇だったけれども、新幹線を残したと思えば、亡くなった方も少しは気がすむだろうかね、なんて。いや、とんでもない。そんなことで気がすむはずないじゃねえかと。

宮部　私、初めて新幹線に乗せてもらったのが小学校五年生だから、開業してからずいぶん経っているんですけど、でも、すごく嬉しかったことを憶えているんですよ。東京駅から熱海駅まで乗っただけですが、それはもう嬉しくてね（笑）。それぐらい、特別なものでした。今は用事があると、ちゃかちゃか乗るので……。

――ちゃかちゃかですか。

宮部　ちゃかちゃか乗りますね（笑）。京都へ行かなきゃならないとかってね。それでも毎回、「ちょっとワクワクするかな。東海道新幹線に乗ると、天気がいいと「ただいま富士山が見えます」ってアナウンスするじゃないですか。あれはすごくいいなと思うんですけど。

半藤　よくあんな時期にあんなものを、つくろうと思っただけすごいよね、日本人。まだ昭和三十九年でしょ。戦争に敗けて二十年たっていない。それであんなものをつくってしまったのだから。日本の技術に対する信仰があったのでしょうね。くり返しますが、その技術は何かといったら、戦争中の技術でしょうが。

宮部　新幹線も大きなダムもトンネルも、戦後のインフラを構築していった技術は、ほとんどが戦争中に開発されたものだと聞きました。

半藤　まったくそうですよ。

そういう意味じゃ戦後日本は、戦争を全否定したけれども、皮肉にも技術面では相当支えられていた。

宮部　交通関係はとくにそうでしょう。車、電車、飛行機。土木も。不幸なことだけど事実でしょう。でも、今はどうなのかな。戦争がなくとも、たとえばバイオテクノロジーは独自に発達してきたと思いますから。

半藤　新幹線で、戦争の技術というのは終わったんじゃないですか。

宮部　バイオテクノロジーやＩＴ技術はモノを直接いじる技術じゃないですものね。でも、これからは、モノを直接いじる土木とか工学が盛んでないと困るんですよね、とくに環境保全のためには。

半藤　そうでしょうね。

宮部　ゆくゆくは宇宙開発だと。ちょっと話が飛び過ぎるけど、火星に人間が住めるようにするためには、工学が発達しないとね。医療や生命科学だって、じつは工学とセットでないと先に進んでいけないそうですし。

半藤　だけど、人間、そんなに急いで、どうするの、と思うけどね（笑）。

宮部　まあ、東海道新幹線はオリンピックにタイミングを合わせて開業したわけですし。

半藤　もちろんそうだね。東京オリンピックは、美しい東京をぶっ壊して、ろくでもないものを東京に残しちゃったけどね。

宮部　なんですか？

半藤　首都高速道路よ。あんなろくでもないものを。われらが向島の美しくのどかな桜の堤なぞ台無しになってしまった（笑）。

宮部　とてもとても景色が悪くなるように建っていますよね（笑）。でも、次のオリンピックまでに相当補修しないと危ないんですよね。

半藤　危ない。危険この上ありません。

宮部　『朽ちるインフラ——忍び寄るもうひとつの危機』（根本祐二著、日本経済新聞出版社）という本を読んで以来、タクシーで運転手さんに「今日は空いているから首都高に……」と言われても、私は「絶対、乗らないでください！　時間かかってもいいから下を行ってください」って言います（笑）。

10 東京・埼玉連続幼女誘拐殺人事件（宮崎勤事件）

平成元（昭和六十四）年七月二十三日

昭和の終わりを象徴する事件

宮部　宮崎勤《つとむ》事件が起こったとき、半藤さんは「週刊文春」でしたか。本誌（月刊誌）のほうかな。

半藤　文春には、いました、いました。でも現場で取材とかはないですよ。昭和が終わるときでしょう。もう大分偉くなっていました（笑）。

宮部　宮崎の逮捕は平成元年になってからですが、まさに昭和の終焉の事件だったんですね。

――宮部さんとしては、グリコ・森永事件と、宮崎事件だったら、どちらが昭和史的に重要だと思いますか。

宮部　いやもう、宮崎勤事件のほうが、私は重たいですね。

グリコ・森永事件は、どことなく政治的、政治臭のようなものを感じるんですよ。政治家をターゲットにしたとかそういうことじゃないんですけど、「反権力」という感じでね。狙われたのは大企業で、狙った側が、いまだにはっきりしませんが、明らかに組織だったことは分かっていますよね。一人では絶対無理な事件ですから。私みたいに普通の市民から見ると、恐いけど、なんかあんまりよく分からない、どちらかというとあさま山荘事件とかを連想させるような匂いがするんですよ。事件というより「闘争」という感じがしてしまう。変な言い方かもしれないけど。そういう意味で、私なんかの日常からは乖離《かいり》しているという印象です。

でも、宮崎勤事件は、ものすごく近いところに闇があるという感じでした。

半藤　フーム、そうですか。いや、なるほどね。

宮部　四人目の犠牲者の女の子が拉致《らち》された場所が、うちと近いですし、犠牲になった女の子の一人と、私の上の姪が同い年なんですよ。この当時、うちのほうは、拡声器で、「子供さんの下校時間には気をつけてあげてください」と回ってましたし、姉が相当ピリピリしていたんです、うちも女の子だからって。一年半ぐらいの間に立て続けに起きた事件でしたし。

実際に、宮崎勤という男が容疑者として見つかったときは、ものすごく内にこもった事件だな、という印象を受けました。個人の妄想から生じた事件で、幼い女の子が四人も殺された。金銭に対する欲望は一切なかった。全部、個人の歪んだ物語を実現させるための事件だということが、ものすごいショックでした。

――この事件以降、とくに目につくようになったかもしれませんね。妄想で人を殺すというのは。

宮部　個人の内の想念の物語化。個人が一人で暗い空想に浸っているだけでは収まらなくなって、その空想を現実化するために行動を起こす事件は、ここからスタートするような気がするんです。もちろん、それ以前にも女の子や女性を狙った猟奇犯罪、自分の欲望の現実化という事件は起きているんですが、宮崎勤の場合はそれが非常に幻想的で、ある〝魔〟を孕《はら》んでいた。だから、この事件に対して発言した人は多かったですよね。〝おたく〟の犯罪だということで、この事件について書いた人も多い。

それまでの大久保清事件などは、取材もいっぱいされたし、発言する人もいたけれど、所詮、女性を狙った下種《げす》男の犯罪だった。全容が明らかになったら、悲しい顰蹙《ひんしゅく》しか残りませんでした、という。ところが、宮崎勤事件がそれまでの女性を狙った事件と違ったのは、宮崎勤が、ある種、人によっては自分もそうした要素があるんじゃないかと思わせるような、引力を持っていたというかな。もちろんこいつもとんでもない奴なんだけど、そんな、魔的なものを持っていたんですよ。

半藤　宮部さんらしい見方だね。心の中の〝闇〟というやつだな。

宮部　と思っちゃうんですよ、私は。

宮崎勤元死刑囚。

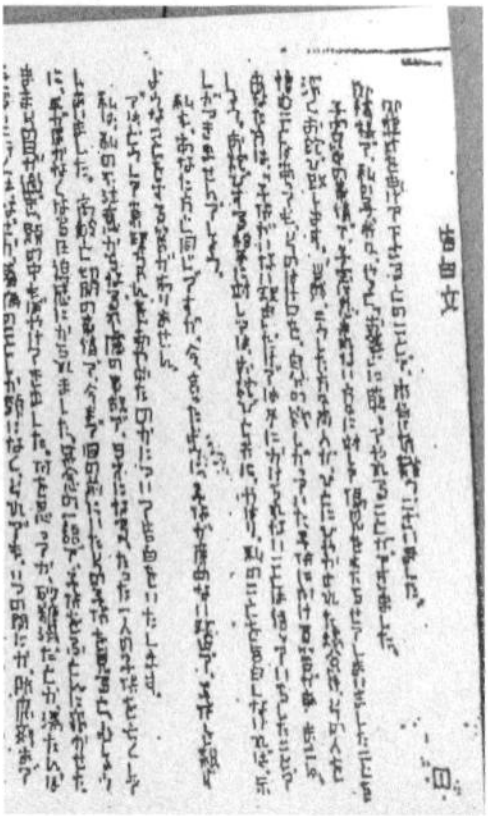

告白文

「今田勇子」の犯行声明文。

半藤　でも確かに、今の話のように、戦後の他の事件……大久保事件にしろ、小平義雄事件にしても、引きずっているものがいくらか分かるでしょう。たとえば戦争中の食料難とか、戦争中に外地で悪行をしてきた男とか……。そういうのを引きずってきて、戦後になってまたやったという。

宮部　ライフル魔（少年ライフル魔事件）もそうですよね。非常に荒《すさ》んだ事件。

半藤　前に話した金閣寺炎上事件だって、戦争中の体験を引きずっていたわけですよね。

宮部　思想的なものもありますよね。

半藤　宮崎勤。この人だけだね、わけ分かンないのは。

宮部　ホラービデオおたくだったとか言われているけど、じつはあの当時報道されたほどのものではなくて、コレクターだったけれど、そんなに猟奇的なものを観てはいなかったそうですよ。

――宮崎勤の魔とは、どういうことですか。

宮部　あのね、それは、ちょっと申し上げますと、私は女性なので、殺された女の子たちの側の性ですから。

この宮崎勤事件に対して、ものすごく反応して、他人事とは思えない、僕だってちょっと間違ったらああいうふうになっていたかもしれないとか、俺だっておたくだとか、宮崎勤はもう一人の自分だとか、けっこうな人数の評論家やジャーナリスト、作家の方々が発言したし、書いたりしたんです。

その感覚が、腹立たしいんですよね、私は。やっぱり女だから。実際に四人もの女の子が殺されている事件とその犯人に対して、そんな簡単に、分かる、他人事とは思えないなんて言ってくれるな、と思うんですよ。

でも、私は物書きでもあるので、そういうふうに宮崎勤を捉えたくなってしまうわけの分からなさが、この事件にあることも分かるんです。この男の内側を解いてみたいと。「今田勇子」という女の名前の犯行声明文がどうして出されたのかを解きほぐしてみたいと。物書きがそそられる気持ちも分かるんです。そのように誘惑される、それが魔だと思うんです。

半藤　ほう。そうか、今田勇子、何でこの名を名乗ったのか。これ一つを考えただけでも探偵としての食指が動きますね。たしかに。

宮部　だから、この事件に対しては、すごくイライラするものを持ってしまうんですよ。でも、ここが明らかに一つの線引きになって、その後の多くの事件の様相が変わり始めたなという気がするのです。

半藤　ここから後、オウム真理教だってこころをめぐる事件だからね。

宮部　インナースペースを見つめる事件が増えていきますますよね。

半藤　そうなんですな。やっぱり、自分の内側にばかりこだわり、外から引きずってきたものが何もないんじゃないかと思うんです。それでまことにわかりづらい。

宮部　大久保清事件だって、女性ばかり八人だか殺していますけど、全部、自分の欲望を外に向かって解消しようとする事件ですよね。ルパシカを着て画家のふりをしたとか、すべて虚飾であって、外に向かって見せるものですよね。でも、宮崎勤事件って自分の何も外に対して見せていないんです。

半藤　そうなんです、これ。虚飾は何もない。

宮部　あの犯行声明文は、彼の真実の姿じゃありませんものね。しかも、いろいろ凝ってはいるけれど、幻想を現実化するための声明としては、とても稚拙です。だからこそまた深読みを誘うんですが。

半藤　発信するものが何もないんだよ。

宮部　なぜ、あんな犯行声明文を書かなきゃならなかったのか。謎しか残らないのですが。

――個人的な性癖とか精神的な異常性で片づけられるものでもないわけですね。

宮部　それだけではないと思うんです。

半藤　裁判で精神鑑定しているのでしょうけど。

宮部　鑑定も割れています。

半藤　結局、この男の精神の内側は分からないんでしょうね。

宮部　心理学者で精神分析を専門にされている斎藤環《たまき》先生が『心理学化する社会』（河出書房新社）という本を書かれています。社会の心理学化。この言葉に出会ったとき、ああそうかって、私は思わず膝を打ちました。宮崎勤事件はまさに、メディアも、私たち素人も、社会で起きる犯罪や事件を心理学的に――もちろん素人ですから「心理学的雰囲気」で解釈して、それで納得してしまうような流れができた、その発端の事件だと思います。

半藤　なるほど。この事件が与えた影響は、その後の事件で、ありますか。

宮部　次の大きな事件はやっぱりオウム真理教事件だし、その次が神戸の少年A、酒鬼薔薇《さかきばら》（聖斗《せいと》）事件だと思いますけれど（神戸連続児童殺傷事件）、犯罪が内的な想像を現実化するためのものとして発生するようになったし、また、そういうふうに発生しているんだよなって社会が解釈するようになったきっかけだと思うんです。その意味で非常に重要な事件であると思います。

半藤　日本人も変わったんじゃないか？　そのへんから。

宮部　変わったと思いますね。そこでキーワードになるのが、「自己実現」なのかな。あと、この頃から犯罪捜査などで使用される「プロファイリング」という言葉が一般化してくるんです。連続殺人者のプロファイルとかね。

半藤　私らの子供の頃は、女の子を大事なものとして崇め奉って、おしっこもしないんじゃないかと思ったり、女の子は、おならなんかしないんだとか……。

宮部　しない、しない。そう。ウフフ。

半藤　それは、お父さんお母さんたちの影響もあると思うんです。お父さんお母さんたちがみんなそういうふうに育っているから。

宮部　前の世代の教育の影響を受けて育ちますもんね。

半藤　「そんな乱暴なことしちゃいけませんよ」と。子供のときね。

宮部　女の子には優しくしなさいとか（笑）。

半藤　というふうになるじゃないの。それが日本人だったんでしょう。ずっとね。ところが、この宮崎勤の事件のへんからそういう日本人じゃなくなっちゃったんだ、と強く言いたい。

――昭和の幕切れを象徴するというか、大きな変換期を迎えるというところで、昭和六十四年の宮崎勤事件は象徴的という気がしますね。それまでの昭和的な価値観が……。

半藤　昭和というものが完全に人間的にも終わっちゃったと。

そして、さっきちらと出たオウム真理教事件ね。あれもまことによく分からない。いろいろと考えるんだけど、どうも分からん。ただ、ふーと思えてきたことは、生きづらさ、将来への不安、現実の閉塞感、そうしたものから脱れ出るために、ひたすら修行に励むことで安息を得る。そして、自分たちを受け入れない人々を凡夫《ぼんぷ》とさげすむ。これって、昔の日本にもあったな、ということなんです。自分たちの仲間の利益を至上のものとし、個を滅して尽くす。なあーんだ、これって、戦争へ駆りだされていくかつての道と同じじゃないかと。いや、これは余計なことでした。

昭和の終わりと世界

半藤　もう一つ大きなことを言うと、昭和が終わった一九八九年は、世界的にも大きく変わった年なんですよ。

宮部　何ですか。

半藤 天安門《てんあんもん》事件が起きたでしょう。ベルリンの壁が崩壊したでしょう。

宮部 ああ、崩壊している。

半藤 ソ連がアフガニスタンから撤退をした。これを契機に、共産主義国家、ソ連邦が崩壊し始めるんですよ。東欧諸国の無血革命もこの年からです。

宮部 軒並み独立していきますよね。

半藤 世界的にもどんどん変わってきたんですよ。

宮部 それがちょうど一九八九年。うーん、本当だ！ 激動の時期だったんですね。

半藤 世界がね。変わるときは変わる。歴史ってのは面白いもので、いっせいに変わっていくんだね。つまり人間が変わっていくんだけど。昭和が終わるときは本当に劇的ですよ。

宮部 そうですねえ。

半藤 一九八九年を一年間だけバーッと克明に書いたら面白いものが出来ると思いますよ。

宮部 それを読みたいなあ（笑）。

半藤 一九八九年だけでね。むこうはベリルンの壁、天安門広場、ソ連もね。世界がガラガラ変わっていくのがようく分かるんですね。日本も変わるんだけど、その象徴的な事件が宮崎勤。

宮部　人間のこころの内がね。

半藤　それまでの日本人にはなかったものが。

宮部　きっと、事件を起こす人のこころの内だけじゃなくて、むしろそれを解釈したり報道したりする側がここで変わったのだと思うんです。でも、なぜこのタイミングで変わったのかというのは、ずうっと助走があるのだと思うんですけど。

半藤　最近、バラバラ事件とか、相手を埋めたりとか、ぼんぼん起きますね。でも私たち、あんまり仰天しませんね、最近。

宮部　あんまり驚かなくなりましたねえ。

半藤　昔はバラバラ事件なんていうのはほんとに大事件だった。私が生まれて直後ぐらいだな。昭和七年に、玉ノ井で「お歯《は》黒《ぐろ》どぶのバラバラ事件」ってのがあったんです。

宮部　はいはい、はい。

半藤　近代日本になって初めてのバラバラ事件です。そのときは〝バラバラ事件〟という言葉じたいがなくて、朝日新聞が「玉の井バラバラ事件」と付けて、毎日新聞は「八つ切り事件」かな[1]。結局、「バラバラ事件」に統一になったんだけどね。その言葉もなかったときに起きた事件で、昭和七年、日本じゅうが仰天して、「殺した人をバラバラにするなんてのはとんでもねえ」と。

宮部　「なんて酷いことをするんだ」とね。

――犯罪学的に言うと、バラバラにする意図は……。

半藤　犯行が見つからないように。どうしてもバラバラにせざるをえない。

宮部　死体ではなく、バラバラのパーツ、モノにして棄てるなり、運んで埋めるなりね。

半藤　私が知っているのでは、私がボートを漕いでいる頃です。新荒川大橋の上から、警官の亭主を奥さんがバラバラにして川に投げた。

宮部　母親と一緒にやったんですよね。暴力亭主で。[2]

半藤　あれは戦後になって初めのバラバラ事件ですよね。これも大騒ぎだったんですよ。警察も大騒ぎだったし。私たちがボートを漕いでいるとき、夜遅く合宿所に警察が来て、「あんたがた、漕ぎながら、練習しながら探してくれ」って言うんだよ。バラバラになった死体を。上流の新荒川大橋から投げると、岩淵の水門で荒川放水路へ行くか、隅田川へ流れ来るか。

宮部　どっちかですものね。

半藤　私ら両方で練習していますから。

宮部　イヤな協力を請われましたね（笑）。

半藤　それで漕ぎながら、目を皿のようにして見たけど……。時々、あそこにあるんじゃねえかというんで、練習しつつそばへ寄って行くと大体、犬か猫の死体だった。だけど、この後、ずいぶん、バラバラになったよね、みんな。

宮部　だから私たちも驚かなくなりました。

半藤　驚かなくなっちゃった。

――宮部さんは小説の中でバラバラにすることはありますか。

宮部　ストレートなバラバラ殺人事件は、私は書いてないです。やっぱり、なんとなくイヤで。なるべくそういう生々しいシーンは書かないようにしていますね。

半藤　一ぺんもないですか。ないよねえ。

宮部　ないです。今はね。ないですなんて言ってるけど、どうしてもこの作品を書くにはそのシーンを書かなきゃならないとなったら、平気な顔して書くと思うんですけどね。もし必要性が生じてしまったら、きっと書くでしょうね。

半藤　書くときはそうせざるをえないでしょう。でも、どんな気持になって書くんだろう？　いやあ、知りたいねえ。

宮部　できるだけ書かない人生を歩んでいきたいと思います（笑）。

――なるほど。

宮部　半藤さんの「国敗れてハダカあり」は、やっぱり名言です。でも、過激な原理主義者の人たちは、そういう考え方をしないのでしょうね。私は恐がりすぎだとよく言われるけれど、すべての原理主義的なものって恐いなと思うんですよ。極端で、度量のないものは恐いですよね。

半藤 同感です。ものすごく恐いですよ。昭和が終ってその原理主義者がいろいろな面でふえました。これからの日本は大変だと思いますよ。

――ということで、お二人の認定した昭和の10大事件は以上のように決定しました。

〔1〕「寺島八ツ切屍体事件」東京日日新聞（現・毎日新聞）、「向島の惨殺死体事件」などと呼ばれていたが、東京朝日新聞（現・朝日新聞）が名づけた「玉の井バラバラ事件」に統一された。

〔2〕昭和二十七年五月十日、荒川放水路バラバラ殺人事件。小学校教諭の妻と実母が、酒癖の悪い夫（巡査）を殺害、バラバラにして、新荒川大橋の上から投棄した。

対談を終えて

半藤一利

エッ、何で半藤一利が宮部みゆきさんと対談？　と、読者はあるいは不思議に思うかもしれません。当のわたくしだって、ちょっとばかり戸惑ったのです。ですから、今回の企画を聞いたとき、わたくしはこう言ったのです。

「宮部さんは天才だぞ。天才が俺みたいな老いぼれ凡才との無駄話を承知してくれるはずがないじゃないか！」と。

ところが、それが実現したのです。これにはいまでもびっくりしています。そして、何よりもわたくしが何度かの長時間にわたるこの対談を大いに愉しんでやりました。終るのが惜しいくらいでした。古代中国の聖賢が「友あり遠方より来たる、また楽しからずや」と言いましたが、人生の楽しみとは気の合う人との出会いにあり、そして楽しいおしゃべりにあり。という意味と解して、まさにその通りと賛同いたします。

読者の皆様にもきっと愉しんでもらえると思うのですが、間違いなくそうであったならほんとうに望外の喜びといたします。

＊

じつは、ゲラを読みながら、何度も首をすくめました。宮部さんは深川、わたくしは向島と、二人とも東京は下町の生まれと育ち、かつ同じ都立墨田川高校の同窓生（もっともわたくしはその前身の都立七中なんですが）、つまり先輩後輩の間柄なのです。

それで先輩風を吹かして、というわけではないのですが、ずいぶん乱暴な、下町言葉丸出しのひどい言葉を使っている。これが余所《よそ》行きでない地《じ》なんだといえばまさにその通りで、ただただ痛み入り、深く反省しております。

反省すれども謝罪しない、というのではどこかの国の政治家と同じになる。それでいまになって、というのではないのですが、宮部さん、ごめんなさい。

＊

改めて書くまでもなく、宮部さんは二・二六事件を舞台にした作品『蒲生邸事件』などで知られる推理作家、わたくしはいわゆるノンフィクションを専門とする歴史探偵で、推理と探偵という点では似ていますが、やっぱり目のつけ所はちょっと違う。

たとえば宮部さんはゴジラ、わたくしは第五福竜丸。関連した重大事件ながら挙げる対象が異なる。それだけ事件の見方が重層的になっている、そこに本書の面白さがあるのではないかと、わたくしは若干《じゃっかん》鼻を勝手に高くしています。

それにつけても、宮部さんは何事につけても、流行の見方に流されず、自分の言葉で語り、他人の受け売りをせず、自分の頭で考える人である、という感を深くいたしました。後輩ながら天晴《あっぱ》れ、などというのは、この野郎、また先輩面しやがってと、読者に叱られるに違いありませんが、ほんとうにそう思いました。

宮部さん、また、よかったら大いに語りましょう。

平成二十七年八月

単行本　二〇一五年九月　東京書籍刊
文庫化にあたり加筆修正をしました。
写真提供　共同通信社、毎日新聞社
国立公文書館
文藝春秋写真資料室

文春文庫

昭和史《しょうわし》の10大事件《だいじけん》

定価はカバーに
表示してあります

2018年3月10日　第1刷

著　者　宮部《みやべ》みゆき　半藤一利《はんどうかずとし》
発行者　飯窪成幸
発行所　株式会社　文藝春秋

東京都千代田区紀尾井町3-23　〒102-8008
TEL　03・3265・1211㈹
文藝春秋ホームページ　http://www.bunshun.co.jp

落丁、乱丁本は、お手数ですが小社製作部宛お送り下さい。送料小社負担でお取替致します。

印刷・図書印刷　製本・加藤製本

Printed in Japan
ISBN978-4-16-791039-6

（　）内は解説者。品切の節はご容赦下さい。

宮部みゆき
我らが隣人の犯罪

僕たち一家の悩みは隣家の犬の鳴き声。そこでワナをしかけたのだが、予想もつかぬ展開に……。他に豪華絢爛「この子誰の子」「祝・殺人」などユーモア推理の名篇四作の競演。（北村　薫）

み-17-1

宮部みゆき
とり残されて

婚約者を自動車事故で喪った女性教師は「あそぼ」とささやく子供の幻にあう。そしてプールに変死体が……。他に「いつも二人で」「囁く」など心にしみいるミステリー全七篇。（北上次郎）

み-17-2

宮部みゆき
蒲生邸事件　（上下）

二・二六事件で戒厳令下の帝都にタイムトリップ――。受験のため上京した孝史はホテル火災に見舞われ、謎の男に救助されたが、目の前には……。日本SF大賞受賞作！（末國善己）

み-17-12

宮部みゆき
人質カノン

深夜のコンビニにピストル強盗！　そのとき、犯人が落とした意外な物とは？　街の片隅の小さな大事件と都会人の孤独な肖像を描いたよりすぐりの都市ミステリー七篇。（西上心太）

み-17-4

宮部みゆき
誰か Somebody

事故死した平凡な運転手の過去をたどり始めた男が行き当たった、意外な人生の情景とは――。稀代のストーリーテラーが丁寧に紡ぎだした、心を揺るがす傑作ミステリー。（杉江松恋）

み-17-6

宮部みゆき
名もなき毒

トラブルメーカーとして解雇されたアルバイト女性の連絡窓口になった杉村。折しも街では連続毒殺事件が注目を集めていた。人の心の陥穽を描く吉川英治文学賞受賞作。（杉江松恋）

み-17-9

宮部みゆき
楽園　（上下）

フリーライター・滋子のもとに舞い込んだ、奇妙な調査依頼。それは十六年前に起きた少女殺人事件へと繋がっていく。進化し続ける作家、宮部みゆきの最高到達点がここに。（東　雅夫）

み-17-7

（　）内は解説者。品切の節はご容赦下さい。

半藤一利
指揮官と参謀
コンビの研究

陸海軍の統率者と補佐役の組み合わせ十三例の功罪を分析し、個人に重きを置く英雄史観から離れて、現代の組織における真のリーダーシップ像を探り、新しい経営者の条件を洗い出す。

は-8-2

半藤一利
漱石先生ぞな、もし

『坊っちゃん』『三四郎』『吾輩は猫である』……誰しも読んだことのある名作から、数多の知られざるエピソードを発掘。斬新かつユーモラスな発想で、文豪の素顔に迫ったエッセイ集。

は-8-4

半藤一利
戦士の遺書
太平洋戦争に散った勇者たちの叫び

太平洋戦争に散った軍人たちの遺書をもとに、各々の人物像、死の背景にまで迫った感動作。彼らの遺したことばから、日本人とは、国とは、家族とは何かが浮き彫りにされる。（阿川弘之）

は-8-6

半藤一利
ノモンハンの夏

参謀本部作戦課、関東軍作戦課。このエリート集団が己を見失ったとき、悲劇は始まった。司馬遼太郎氏が果たせなかったテーマに、共に取材した歴史探偵が渾身の筆を揮う。（土門周平）

は-8-10

半藤一利
ソ連が満洲に侵攻した夏

日露戦争の復讐に燃えるスターリン、早くも戦後政略を画策する米英、中立条約にすがってソ満国境の危機に無策の日本軍首脳——百万邦人が見棄てられた悲劇の真相とは。（辺見じゅん）

は-8-11

半藤一利
【真珠湾】の日

昭和十六年十一月二十六日、米国は日本に「ハル・ノート」を通告、外交交渉は熾烈を極めたが、遂に十二月八日に至る。その時時刻々の変化を追いながら、日米開戦の真実に迫る。（今野　勉）

は-8-12

文春文庫　半藤一利の本

（　）内は解説者。品切の節はご容赦下さい。

半藤一利
日本のいちばん長い日　決定版
昭和二十年八月十五日。あの日何が起き、何が起こらなかったのか？　十五日正午の終戦放送までの一日、日本政府のポツダム宣言受諾の動きと、反対する陸軍を活写するノンフィクション。
は-8-15

半藤一利
日本国憲法の二〇〇日
敗戦時、著者十五歳。新憲法の策定作業が始まり、二百三日後、「憲法改正草案要綱」の発表に至る。この苛酷にして希望に満ちた日々を、歴史探偵が少年の目と複眼で描く。（梯　久美子）
は-8-17

半藤一利　編著
日本史はこんなに面白い
聖徳太子から昭和天皇まで、その道の碩学16名がとっておきの話を披露。蝦夷は出雲出身？　ハル・ノートの解釈に誤解？　大胆仮説から面白エピソードまで縦横無尽に語り合う対談集。
は-8-18

半藤一利
ぶらり日本史散策
新発見・開戦直後の山本五十六の恋文から聖徳太子と温泉、坂本龍馬人気のうつりかわりの理由まで。日本史の一場面を訪ね、ユーモアたっぷりに解説したこぼれ話満載。
は-8-20

半藤一利
あの戦争と日本人
日露戦争が変えてしまったものとは何か。戦艦大和、特攻隊などを通して見据える日本人の本質。「昭和史」「幕末史」に続き、日本の大転換期を語りおろした〈戦争史〉決定版。
は-8-21

半藤一利・加藤陽子
昭和史裁判
太平洋戦争開戦から七十余年。広田弘毅、近衛文麿ら当時のリーダーたちはなにをどう判断し、どこで間違ったのか。半藤〝検事〟と加藤〝弁護人〟が失敗の本質を徹底討論！
は-8-22

（　）内は解説者。品切の節はご容赦下さい。

山本五十六
聯合艦隊司令長官
半藤一利

昭和史の語り部半藤さんが郷里・長岡の先人であり、あの戦争の最大の英雄にして悲劇の人の真実について熱をこめて語り下ろした一冊。役所広司さんが五十六役となり、映画化された。

は-8-23

日本軍艦戦記
太平洋戦争
半藤一利 編

激戦の記録、希少な体験談。生残った将兵による「軍艦マイベスト5」。戦った日米英提督たちの小列伝。……大日本帝国海軍の栄光から最期までを貴重な写真とともに一冊でたどる！

は-8-24

歴史のくずかご
とっておき百話
半藤一利

山本五十六、石原莞爾、本居宣長、葛飾北斎、光源氏……睦月の章から師走の章までちびちび読みたい歴史のよもやま話が100話！　おまけコラムも充実。文庫オリジナルの贅沢な一冊。

は-8-25

三国志談義
安野光雅・半藤一利

桃園の誓いから諸葛孔明の死まで――吉川英治で親しんで六十余年。「三国志」には一家言ある薀蓄過剰な二人が、名場面の舞台、登場人物、名句・名言についてくりひろげた放談録！

は-8-26

十二月八日と八月十五日
半藤一利 編著

太平洋戦争開戦の日と、玉音放送が流れた終戦の日と。その日、人々は何を考え、発言し、書いたか。あらゆる史料をもとに歴史探偵が読み解き編んだ、真に迫った文庫オリジナル作品。

は-8-27

そして、メディアは日本を戦争に導いた
半藤一利・保阪正康

近年の日本社会と、戦前社会が破局へと向った歩みには共通点があった？　これぞ昭和史最強タッグによる決定版対談！　石橋湛山、桐生悠々ら反骨の記者たちの話題も豊富な、警世の書。

は-8-28